リーダーの悩みはすべて東洋思想で解決できる

株式会社アジアン・アイデンティティー
代表取締役
中村勝裕

WAVE出版

はじめに

リーダーシップを発揮できない日本人

私は現在、タイのバンコクをベースに人事コンサルティング会社を経営しています。これまでにコンサルタントとして、日本、シンガポール、タイをはじめとするアジア各国で5000人以上のリーダーの能力開発に関わってきました。

日本の外にいると、日本の良いところや尊敬されているところがよくわかります。とりわけ日本人の「他者のために尽くす」「全体の調和を大切にする」という精神性の素晴らしさは、多くの国々からリスペクトされています。

日本に関心のある外国人の多くは、そうした日本人の精神性を高く評価し、ビジネスの場面でも日本人の真摯な言動に期待を寄せているのです。

しかし、一方で、残念ながら世界における日本の地位は急速に低下しています。

東南アジアに住んで10年近くになりますが、その間に日本企業の知名度や人気は大きく後退しました。

「日本人のマネージャーは意思決定が遅すぎる」

「日本人は調整ばかりが得意で、ビジョンや方向性を示せない」

このように、厳しい評価もよく耳にします。「リーダーシップ」が日本人の大きな弱点であることは認めざるを得ない事実なのです。


実は私自身も最初は失敗の連続でした。

タイで仕事を始めた当初は、チームをうまく動かすことができず、ずっと悩み続けていました。そんな経験の中で出会ったのが、本書のメインテーマである「東洋思想」でした。

東洋思想の中で語られるリーダーシップは、力で人を動かすのではなく、より自然体で相手を受け入れ、その良さをうまく生かすことなのだと気づきました。

そしてそれを従来のリーダーシップ理論と組み合わせて自分なりにアレンジしていくことで、より柔軟に組織を動かせるようになっていったのです。

本書は、こうした著者自身の経験をもとに、「東洋思想」をリーダーシップに役立つ要素として再評価し、実践に生かすことを目指すものです。

実は、東洋思想は日本人の精神性によく合致したものです。

東洋思想にもとづいたリーダーシップについて考えることが、私たち日本人リーダーが持っている〝強み〟を再発見することにつながるかもしれません。

必要なのは「やり方」ではなく「あり方」

それにしても、なぜ「東洋思想」なのでしょうか。

この点についても少しふれておきたいと思います。

そもそも、リーダーシップに関する研究は世界中でなされ、それらを紹介する書籍や研修プログラムはすでに巷にあふれています。しかし、本からノウハウを得ただけで優秀なリーダーになれた人を私は見たことがありません。

それはなぜか？

リーダーシップが「人間」にまつわるスキルだからです。

新しい手法を学んだとしても、実際の職場で多様な価値観を持つ相手にそれが活用できるかどうかは別の話です。また、リーダー自身もひとりの人間ですから、本人のコンディションも日々揺れ動いているでしょう。

それゆえ書籍やセミナーで勉強したことと、それを仕事で活用して結果を出すこととの間には不確実な変数があるのです。それが知識としての正解を身につけておけばよい会計のスキルなどとは違うところです。

別の言い方をすると、「やり方（To Do）」ではなく「あり方（To Be）」が重要であると言えるかもしれません。

たとえば、コーチングの本を読めば、話の聞き方や質問の仕方などが書かれていますから、「やり方」はわかります。ですが、それをそのまま使っても上滑りするだけで、あまりうまくいきません。

なぜなら、相手の気持ちを汲《く》み、どういう態度で接するかという、心の「あり方」が大事だからです。

この点を押さえておかなければ、せっかく学んだコーチングスキルも宝の持ち腐れになってしまいます。そうならないためには、自分自身の心を整える「あり方」にも目を向けるべきでしょう。

では「あり方」とは何でしょうか？

一言で言えば、それは「ものの見方」です。

人間をどう見るか、自分をどう見るか、さらには世界をどのように捉えるかです。

たとえば、人を信じる「性善説」や、自分を中立な位置に置いてフラットに物事を見る「中庸」の姿勢、あるいは「物事に絶対はない」とする柔軟な態度など。

東洋思想には、この「あり方」を学ぶための優れた教えが数多く伝えられています。

それらが自分の根底にどっしりと備わると、その上にインストールされるスキルが何であれ、より効果的に活用できるのです。つまり、東洋思想はリーダーが対人スキルを無理なく発動するための基本プログラムだと言えるかもしれません。

リーダーの「悩み」に唯一の正解はない

本書では、リーダーが抱えるさまざまな「悩み」を取りあげます。

なぜ「悩み」を主題とするのか？

それは悩みに対峙したときに、まさにその人の「心のあり方」が問われるからです。

〝悩む〟とは、私の定義では「複雑な問題に対して答えが見つからずに留まっている状態」です。

人生には、どれだけ頭で考えても簡単には答えの出ない問題があります。

・人間関係に関する問題
・リスクや不確定要素の大きい問題
・人生を大きく左右するような問題

こうした類の問題には論理的な正解は存在しません。

目の前の難問に向き合い、苦しみながらも勇気を持って答えを出していく――。

リーダーとして生きていくうえで、最も大切で難しいのはそうした行為なのです。

みなさんはそんな問題を今まさに抱えているところでしょうか。

あるいは、今は順調でもいずれ問題に直面するかもしれません。

このとき、本書でご紹介する東洋思想の教えをヒントにすれば、必ず問題を乗り越えていけるでしょう。私はそう信じています。

本書は、まず「序章」において東洋思想とは何なのかをざっくりと俯瞰します。

その上で、第1章、第2章では「人を動かす」「人を育てる」ことについての悩みを扱います。部下や後輩を指導する立場の方に役立つ内容です。

続く第3章、第4章は「人を評価する」「人と別れる」ことに関する悩みです。上司の仕事として最も難しい人事評価や、部下の退職について悩まれている方へのヒントになれば幸いです。

第5章、第6章は、リーダーが自分自身と向き合うときの悩みです。「決断する」「自信を持つ」とはどういうことなのか、考えを深めていきます。

起業や事業判断などに悩まれている方や、ご自身のキャリアを模索している方には、前に進む「手がかり」が得られるでしょう。

最後に、リーダーとして懸命にチャレンジされているみなさんに、本書が具体的なヒントを提供できることを心から願っています。

中村勝裕

リーダーの悩みはすべて東洋思想で解決できる

目次

第1章 どのように人を動かすか　37

第2章

どのように人を育てるか

目　次

第3章

問題社員をどう評価するか　105

第4章

別れをどう受け止めるか　141

本書の書き下し文、現代語訳を作成するにあたっては、以下の書籍を参考にいたしました。
また、訳文にはビジネスの現場から見た現代的な解釈が含まれていることをご了承ください。

『[新訳]孟子』 守屋洋（著） PHP新書
『孟子 全訳注』 宇野精一（著） 講談社学術文庫
『中国の思想（4）荀子』 杉本達夫（訳）竹内好他（監修） 徳間文庫
『中国の思想（12）荘子』 岸陽子（訳）竹内好他（監修） 徳間文庫
『現代語訳 老子』 保立道久（訳） ちくま書房
『論語』 齋藤孝（訳） ちくま文庫
『全文完全対照版 論語コンプリート』 野中根太郎（著） 誠文堂新光社
『全文完全対照版 老子コンプリート』 野中根太郎（著） 誠文堂新光社
『荀子 ビギナーズ・クラシックス 中国の古典』 湯浅邦弘（著） 角川ソフィア文庫
『孫子・三十六計 ビギナーズ・クラシックス 中国の古典』 湯浅邦弘（著） 角川ソフィア文庫
『老子・荘子 ビギナーズ・クラシックス 中国の古典』 野村茂夫（著） 角川ソフィア文庫
『荘子 全現代語訳版』 池田知久（著） 講談社学術文庫
『現代文訳 正法眼蔵 1～5』 道元（著）石井恭二（訳） 河出文庫
『道元入門』 角田泰隆（著） 角川ソフィア文庫

序章

なぜ
東洋思想が
リーダーに
必要なのか

相対立するものを理解することによってのみ
真理に到達することができる。
『岡倉天心』

序章では、本書のメインテーマである東洋思想とはどんな考え方なのか、解説していきます。

そもそも東洋思想とは何なのか。

実は、これはとても答えづらい質問です。なぜなら、「東洋」という言葉が指す範囲はとても広く、時代的にもエリア的にも異なる概念がいくつも含まれているからです。

そのため、一言で説明するのは簡単ではありません。そのあたりの事情を知っていただくために、まずは歴史的な流れを見ていくことにしましょう。

東洋思想の源流はインドにあり

東洋思想の起源は紀元前600年頃の古代インドにまでさかのぼります。

当時のインドでは、「自己とは何か」という哲学的な議論が盛んに行われていました。

その議論の中で「梵《ぼん》我《が》一《いち》如《にょ》」という考え方が生まれます。

〝梵〟とは世界・宇宙のことであり、〝我〟とは自分のことです。

したがって、梵我一如とは「自分と世界はひとつである」という意味になります。

この世界は自分が認識しているものにすぎない。だから、苦しみや悩みも認識にすぎない。人間が不幸になるのは自分自身への無理解から生じるのだ。

古代インドの思想家たちはそう考えました。

そこから発展して生まれたのが仏教です。

仏教の開祖である釈迦《しゃか》は、菩提樹《ぼだいじゅ》の下で悟りを開き、人間が苦しむのは自分自身の「執着」に原因がある、その執着をなくせば不幸から逃れられると考えました。

そして、自分自身を不幸から解放するために、人は修行に励むべきだと説いたのです。

このように、世界を**認識の結果**と捉《とら》える考え方が、古代インドから仏教へと受け継がれた、東洋思想のひとつの基本思想です。

古代中国の思想　～儒教と道教～

一方、中国では紀元前300年頃に孔子という人物が登場しました。

今も多くのビジネスパーソンに親しまれている『論語』は、この孔子の言葉を集めたものです。『論語』には人に愛情をもって接する「仁」、基本的なふるまいを大切にする「礼」などに代表されるさまざまな価値観が紹介されています。

『論語』は、一言で言えば**自分の内面を磨くための教え**がまとめられたものです。

孔子が活躍したのは、中国の春秋戦国時代（前770年～前221年）。大小の国々が覇権を争い、政治が乱れた時代でした。そうした背景の中で、人民を正しく治めるための心構えをまとめたのが『論語』です。『論語』の言葉が時代を超えて今もなお多くのリーダーの心に響くのは、そのような理由があるからでしょう。

やがて、孔子の教えは孟子《もうし》や荀子《じゅんし》など儒家と呼ばれる人々に受け継がれ、「儒教」へと発展していきます。

基本的な礼節を重んじる儒教とは対照的に、より自由な考え方を提唱したのが老子や荘子が説いた「道教」です。

道教の〝道〟とは、物事を支配する「根本的な原理」を意味します。

この世界は運命的な導きによって支配されている。

そうした原理に抗《あらが》わず、身を委ねるべきだ。

自然に身を委ねていれば、最終的には収まるところに収まる。

だから、人間の力で余計なことをしようとせず、**あるがままに受け入れる**方がいい。

そう説いたのが道教でした。

道教では、水の流れのように自然にふるまうことを説いた「上善水《じょうぜんみず》の如《ごと》し」や、一見すると役に立たないものほど価値があるという意味の「無用の用」など、私たちのものの見方を転換させるような考え方が数多く提唱されています。

こうしたメッセージは、より肩の力を抜いて生きていくヒントとして、多くの人たちの心の拠《よ》りどころとなりました。

「禅」は自分自身と対話すること

道教は、やがてインドから伝わった仏教と融合して「禅」になりました。

禅は〝座禅〟を組む修行を通じて自らの心を「無」にし、悟りの境地に近づこうとする新しい仏教的アプローチでした。

禅は鎌倉時代に日本に伝わり、「茶の湯」や「武道」にも影響を与えました。日本の文化を語る上では欠かせない思想なのです。

昨今、禅はマインドフルネス（＝「今、ここ」に意識を集中すること）の概念と共に欧米諸国でも知られるようになり、多くの企業でリーダーシップの教育にも取り入れられています。

このように、東洋思想は長い年月をかけてインド、中国、日本に伝わりました。

明治時代の国際人で美術指導者だった岡倉天心は、このような歴史的なつながりを「アジアはひとつ」と表現し、西から東に伝播《でんぱ》していった文化の最終的な終着点が日本なのだと解説しました。

一般的に「東洋思想」と言われるものは、日本人が自ら生み出したものではありませんが、日本人はあらゆる思想の真髄をうまく受け入れて発展させてきたのです。

世界は単純に分けられない

東洋思想は、このようにさまざまな要素が含まれているため、その特徴を一言で表現するのは容易ではありません。そこで、いくつかの特徴を挙げながら、その「輪郭」を明らかにしていきたいと思います。

まずは東洋思想と西洋思想、2つの特徴を比較してみましょう。

真逆とも言える2つの考え方を眺めることで、東洋思想のイメージがつかめるのではないでしょうか。

アメリカの社会心理学者リチャード・E・ニスベットは、西洋人と東洋人の思考の違いを比較した研究者です。

彼はその著書『木を見る西洋人 森を見る東洋人』（村本由紀子訳　ダイヤモンド社）の中で、西洋人のものの見方をこんなふうに表現しました。

「ヨーロッパ人の思考は、対象（それが物体であれ、動物であれ、人間であれ）の動きは単純な規則によって理解可能である」

さらに、こう述べています。

「アジア人にとっての世界はより複雑であり、出来事を理解するためには常に複雑にからみ合った多くの要因に思いを馳せる必要がある」

西洋人の物の見方には規則性があるが、東洋人のそれは複雑だと言うのです。

「世界が複雑である」とは、どういうことでしょうか。

ニスベットは、次ページに示した太陰太極図を東洋思想の象徴として捉えました。

白（陽）と黒（陰）の勾玉《まがだま》を組み合わせたようなこの図は、道教のシンボルです。

東洋医学や占い（四柱推命）の説明で目にしたという人も多いでしょう。

この図は、ある意味で東洋思想の特徴をよく表しています。

東洋思想の特徴を表す太陰太極図

太陰太極図が表しているのは物事の**相対性**です。

相対性とは、どういう意味でしょうか。

それは、ある事象が単体では存在せず、何かとの「つながり」において存在するという考え方です。

この太陰太極図では、陰と陽は一見正反対でありながら、お互いに補完し合う関係になっています。

陰がなければ陽は存在しない。

陽がなければ陰もまた存在しない。

それぞれは分離独立しているのではなく、相互に依存しながら存在しています。

2つの境界線が円の中央できれいに分かれていないことにも注目してください。

ここには、**物事は簡単に分けられない**、あるいは**白黒をはっきり決めることはできない**というメッセージが表現されています。

ニスベットの「(東洋人にとって)世界は複雑である」という言葉の中には、東洋思想があらゆる物事をそれ単体で見るのではなく、他のさまざまな要素との関係の中で捉える考え方なのだという意味が込められています。

世の中に「絶対」は存在しない

相対性の視点で世界を捉えると、どのようなことが見えてくるのでしょうか。

それは「世の中に100パーセントの絶対はない」という真理です。

東洋的な考え方にもとづけば、世界は「主観」で構成されています。

その中では、自分自身もまた揺れ動くひとつの「主観」にすぎません。そうした一面的な見方で「良い」「悪い」を決めつけてしまうことに果たして意味があるのでしょうか。

決めつけることによって、不幸になったり窮屈になったりすることもあるのです。

この考え方を示す物語として知られるのが、「人間万事塞翁が馬《にんげんばんじさいおううま》」という故事です。

ある農夫が一頭の馬を飼っていたが、その馬が逃げてしまった。周囲の人が気の毒に思っていると、農夫は「これが幸福に転じるかもしれない」と言った。

数日後、馬は無事に戻ってきたばかりか、別の馬を連れて帰ってきた。

周囲がお祝いの言葉をかけると、農夫は「これが災いに転じるかもしれない」と語った。

しばらくして、農夫の息子が馬を乗りこなそうとしたところ、落馬して足の骨を折ってしまった。息子の不運を周囲は再び嘆いたが、数週間後、軍隊による徴兵が始まり、骨折していた息子は戦場に行かなくて済んだ。


この話は、「幸運と不運は切り分けることができない」ということを伝えています。

一見、不幸であるかのように思えた出来事が、別の角度から見るとそうではなかった。

私たちの人生や仕事においても、案外こういうことは多いかもしれません。

短期的な視点で仕事の結果を「失敗」「成功」と決めつけずに、ひとつの経験と捉えて前に進む。一方的な思い込みで誰かを「良い」「悪い」と判断しないで、先入観なく人と接する。このように、「解釈」を加えずに事実を事実のまま捉えることで、物事に一喜一憂しない生き方ができるのではないでしょうか。

「犯人捜し」で組織の問題は解決しない

私はリーダーが東洋思想を意識すると、より効果的に組織の問題を扱えるようになると考えています。

例を挙げてご説明しましょう。

チームに問題が起きているとき、私たちはともすると「誰に問題があるのか」といった犯人捜し的なアプローチを取りがちです。

けれども、組織というものは人と人とのつながりで成り立っているため、「誰が悪いのか」という一部の問題だけを解決しても、全体が良くなるとは限りません。

たとえば、チームの士気を下げるメンバー（いわゆる問題社員）に頭を悩ませていたところ、自主退職によって職場から去ってくれた。「さぁ、これで安心」と思ったら、今まで問題がなかったところから新たな悩みのタネが生まれてきた……という話をよく聞きます。

実は退職したメンバーが、リーダーの見えないところでチームの調整役を担っており、彼が果たしていた役割が意外と大きかった、ということは珍しくないのです。

見えないところで一つひとつのピースがお互いに影響を与え合い、絶妙なバランスの上で成り立っている——。そんな、生き物のように複雑な存在が「組織」なのです。

だからこそ、組織を率いるリーダーは、**部分ではなく全体を見る思考**を持たなくてはならないのです。

これは「東洋医学」のアプローチとも共通しています。

現代の一般的な医療行為である西洋医学では、問題が存在する「部分」を客観的に特定し、その問題を投薬や外科手術などで取り除きます。

一方、東洋医学は患者の体全体の「つながり」を自覚症状から捉え直し、体温や気の流れを整えることによって、根本的な対策を施していきます。

両者のどちらが医学的に優位ということはありません。

ただ、結果的に西洋医学には即効性があり、東洋医学は根本的な治療が可能になるという違いがあると言われています。

人間の集合体である組織においても問題は複雑に入り組んでいます。表面だけを切り取って対策を講じるのは一見効果的に見えますが、実は根本的な解決にはなりません。

問題に直面したときに東洋医学的な視点を持って全体を見渡すと、より適切な対応ができるのではないでしょうか。

「あり方」は体験しないと変わらない

最後に、東洋思想の「学び方」についても述べておきます。

東洋思想を勉強するだけで「あり方」が変わるのかというと、そう簡単な話ではありません。『論語』を読むだけで立派な人間になれるのであれば、世の中は立派なリーダーであふれているでしょう。

「あり方」が本当に変わるには、印象的な「体験」が必要だと言われています。

たとえば東日本大震災のあとに、「人生観が変わった」と新しいチャレンジを始めた方が私の周囲にはたくさんいました。

親を亡くしたことがきっかけとなって、自身の生き方を変える人もいます。

このように、自身の価値観を大きく揺さぶられるような体験は、自分の「あり方」を大きく変えます。仕事上の失敗やトラブル、あるいは成功体験や感動体験が意識を変えるきっかけとなることもあるでしょう。

そういった出来事を「体験」しなければ、なかなか人間の「あり方」は変わりません。

世の中には、いろいろなセミナーに参加してもなかなか変わらない人がいますが、勉強するだけで体験が不足している可能性は否定できません。

体験の重要性を伝える逸話として、仏教に「キサーゴータミー」という母親の話があります。

ひとり息子を亡くして悲しみに暮れている母親がいました。

彼女は、息子を生き返らせる薬があるらしいと聞いて、お釈迦さまのところを訪ねました。弟子たちは「そんな薬はない」と追い返そうとしますが、お釈迦さまはそれを制止し、今から言うことに従えばその薬をあげましょうと言いました。

喜ぶ母親に対し、お釈迦さまは「街を歩いて今まで死人が出たことのない家を見つけて、その家からケシの実をもらってきなさい」と命じます。

早速、母親は町中を歩き回りますが、どれだけ歩いても、ひとりの死人も出たことのない家などありません。

疲れ果てた母親は、「自分の子どもだけが死んだのかと思っていた。でも、すべての家に死は訪れていたのだ」ということにようやく気づきます。

戻ってきた母親に、お釈迦さまは「死は逃れられないものです。嘆き悲しむより一瞬でも生を受けたことに感謝しなさい」と教えたのでした。

このたとえ話は、**人は体験しないと学ばない**という真理をよく表しています。

座禅でも、ただ座ることで「無になる」ことを目指すように、東洋思想では思考や言語よりも体験や感覚を重視します。頭で判断する前に、まず受け止めることを大切にしているのです。

考えるのではなく感じる

「体験して学ぶ」という考え方は、東洋思想を学ぶ上ではとても大切です。

主観を排することを推奨する東洋思想では、主観をもとに物事に意味づけをする「言語化」を必ずしも求めてはいません。言葉によって判断する前に、まずは受け止めるということを大切にしているのです。

つまり、東洋思想は「考える思想」ではなく、「感じる思想」だと私は考えています。

ビジネスの世界ではロジカルシンキングが重視されるので、私たちはつい、すべてのことを言語化し、論理的に捉えようとしがちです。

人材育成に関しても、相手との関係がうまくいかないときに、頭の良い人ほど原因や理由をロジックで分析しようとする傾向が強いのです。

しかし、前述した通り、人生には「答えのない問い」がたくさんあります。

とくに人の行動は、理屈に合わないことや矛盾を感じることばかりです。

そのため、リーダーが論理の世界に傾きすぎると、「正しい対策をとったのになぜ変わらないんだ」「論理的に間違っている方が変わるべきだ」といった矛盾への苛立《いらだ》ちを感じてしまいます。

しかし、そういった硬直化したスタンスでは、適切に人間や組織を理解し取り扱うことが難しいのではないでしょうか。

矛盾を矛盾として受け入れる姿勢を養うために、これからのリーダーには、ぜひ東洋思想的な感覚を身につけてほしいのです。

本書においても、東洋思想の概念を完全にわかろうとする必要はありません。

「理解する」のではなく、「よくわからないけど、スッキリした」と感じていただけることがゴールなのです。

次章以降は「伊藤さん」という悩めるリーダーのストーリーを中心に展開していきます。架空のストーリーではありますが、すべて私がこれまでに接した実際の例をもとにしています。

ぜひ、物語を「疑似体験」しながら、読み進めてみてください。みなさんにとって、新たなヒントが得られるかもしれません。

第
1
章

どのように 人を 動かすか

人を治めて治まらずんば、
其の智に反れ。
『孟子』

人を治めても
うまくいかぬときは、
自分の知恵が足らぬため
ではないかと反省せよ。

新リーダーのチーム改革

伊藤哲《さとし》は中堅機械メーカーA社に勤務する、35歳の営業課長。

「任された仕事では必ず結果を出す」ことをモットーとしており、東京支店営業1課の課長を任されることになった。

営業1課はこれまで良い成績を出せず、社内からは赤字部門として見られていた。そこで今回、立て直しの期待を背負って伊藤が配属されたのだった。

着任してメンバーの状況把握を一通り終えた伊藤は、目標の未達が続いている課内の雰囲気に「負けグセがついている」と感じた。

この数年、結果が出ていないからか、組織に活気がない。その重たい空気がさらにパフォーマンスの低下を招くという「負の連鎖」が起きていると感じた。

伊藤は「課長になったばかりだし、絶対に結果を出さないと……」と、自らにかかる期待の重さから厳しい姿勢で臨んでいこうと決意した。

「残念ながら、このチームはネガティブなモードになっているように感じました。まずはやるべきことを一つひとつやり切って目標を達成し、みんなが自信を持てるチームにしたいと考えています。そのために多少厳しいことを言うかもしれないけど覚悟してほしい。

ちゃんと実績が上がれば減額されたボーナスの見直しだってアピールできるから、みんなで実現に向けて頑張ろう！」

伊藤はメンバーにそう伝え、早速チームの改革に取りかかった。精力的に営業に同行し、メンバーに足りない点があれば一つひとつ指摘していった。また、これまでおざなりにしていた基本の徹底についても厳しく目を光らせるようにした。たとえば、営業報告書をその日中に書かせることもそのひとつだ。

伊藤には頼りにしている木下という部下がいた。伊藤とは、かつて大阪営業所で一緒に仕事をしたことのある旧知の仲だ。年齢は33歳。社内の中堅ではエース級の評価を得ている人物である。伊藤は一緒に営業1課を変革してくれる人材が必要だと感じ、木下の異動を会社にかけ合って実現させたのだった。

「私は営業1課を強いチームにしたいんです。そのために木下さんには他のメンバーに営業としての〝あるべき姿〟を率先して見せてほしいんですよ」

伊藤は木下に期待の言葉をかけた。

木下も期待の大きさを感じながら、「わかりました。頑張ります！」と答えた。


それから半年――。伊藤が改革の旗振りをするものの、数字はなかなか上向く様子がない。結果が出ないもどかしさから、伊藤が苛立ってしまう場面が何度もあった。

ある日の営業会議のこと。とある若手社員が会議前に終わらせておくべき営業計画表の入力を怠っていた。基本動作の徹底が重要だと常々言っていた伊藤は声を荒げた。

「営業計画表を書いておくのは基本中の基本だろ！　なんでやってないんだ！」

若手社員は「すみません。うっかりしていて……」と頭を下げた。

「こういう細かいことができてないから、数字が伸びないんだよ！」

伊藤はさらにその社員を叱責した。会議室は静まり返っていた。

数日後、会議で叱責した若手社員が退職を申し出たという報告が上がってきた。

伊藤は少し動揺したが、なかなか成果も上がらず、行動も伴っていないのでは仕方がないだろうとも思った。

ある日の朝礼で、伊藤は言った。

「辞めてしまう人がいるのは残念に思います。でも、今の方針についてこられない人が抜けるのは仕方がない。仕事ができるメンバーを中心に気を引き締めていこう！」

だが、前向きな言葉とは裏腹に、メンバーは全員黙って下を向いたままだった。

（変な空気になったな……。でも、結果が出てくれば雰囲気も変わるだろう）

そう頭を切り替えたのも束の間、伊藤は木下に相談を持ちかけられた。別室で待っていた木下は思いつめたように固く唇を結んでいたが、やがてこう切り出した。

「実は私も今年いっぱいで会社を辞めようかと思っています。今のまま続けていくことに正直不安があります。ご期待に応えられなくて本当に申し訳ありません」

伊藤は後頭部を殴られたような衝撃を感じた。

共に戦う同志として、最も頼りにしていた木下の突然の報告。

（同じ方向を向いてくれていると思っていたのに、そうじゃなかったのか……）

伊藤はショックのあまり、言葉を失ってしまった。

本章では「人の動かし方」について考えていきます。

冒頭のストーリーでは、なかなか成績が上がらないチームに対して苦悩するリーダーの様子が描かれています。

厳しく叱責して相手に動いてもらうのか。それとも、グッとこらえて相手が動いてくれるのを待つのか。この狭間で悩んだことのないリーダーはいないでしょう。

伊藤さんも、結果を出さなければならないというプレッシャーから、そうした迷いを抱えて仕事をしていました。この「人を動かす」ことに関する悩みに、リーダーはどのように向き合えばいいのでしょうか。

力のマネジメントと思いやりのマネジメント

力で人を動かすことは果たして正しいのか——。そのような問いを、古代中国で今から2400年以上も前に投げかけた人物がいました。それが孟子です。

儒教では、『論語』を著した孔子と並んで重要な人物とされています。

孟子が生きていたのは孔子の時代から100年ほどあとですが、孔子の教えをさらに発展させ、「性善説」を説いたことでも知られています。

性善説は「人は生まれながらにして善の心を持っている」という前提に立っています。孟子が性善説を語る上で例に出したのが「井戸に落ちた子ども」の話です。

「もし子どもが井戸に落ちたら、どんな人でもそれを助けようとするだろう。助けることでその親に気に入られよう、名声を得ようと考えて行動するわけではない。人は元々そうした思いやりの心（＝仁）を持っているのだ」

孟子はこのように説きました。そして、こうしたリーダーの思いやりの心によって国を治めることを「王道」と呼びました。


その一方で、民衆が善の心を持っているのにもかかわらず、それを力で動かそうとする政治を「覇道」であるとして批判しました。

覇道とは武力と権力で人民を統治するリーダーシップスタイルのことです。

孟子は覇道と王道の違いについて、こんな言葉を残しています。


力を以って人を服《ふく》する者は、心を服するに非《あら》ざるなり、力贍《た》らざればなり。徳を以って人を服する者は、中心より悦《よろこ》びて誠に服するなり。『孟子』

力で人を支配しても、それは相手が心から従っているのではない。力が及ばないから仕方なく従っているだけである。反対に、人徳で支配するリーダーに対しては、相手は心の底から喜んで仕えてくれるものだ。

実際に名君として知られた周の武王のところには、中国全土から人民が集まってきたものだと孟子は語ります。

孟子が活躍したのは各国が激しい争いを繰り広げていた時代でしたから、王道政治よりも覇道政治を行う政治家の方が多かったのでしょう。

しかし、孟子はそうした風潮に警鐘を鳴らし、覇道政治を行えば、ゆくゆくは民衆からの支持を失って滅びる運命にあるのだと説きました。

とはいえ、「思いやりで人を動かす」というのは何か優しすぎるようにも聞こえます。マネジメントは会社の中で与えられた役割ですから、部下に対して私情を挟まずに指示・命令すべきだという考え方もあるでしょう。

力で人を動かそうとするのは、本当にいけないことなのでしょうか。

力のマネジメントと思いやりのマネジメント。この2つがチームメンバーの心理にどのような影響を与えるのかをさらに考えていきます。

人は報酬や叱責では動かない

「モチベーション」の観点から見ると、「動機づけ」には2つの種類があると言われています。外発的動機づけと内発的動機づけです。

外発的動機づけは、人を「評価」「賞罰」「強制」など外からの刺激によって行動させるという考え方です。

権力で人を動かす覇道政治は、どちらかというと外発的動機づけによって成り立っています。現代でも、給料やボーナス、表彰を通じてモチベーションを高めたり、厳しい叱責やプレッシャーで行動を促したりすることがあります。

外発的動機づけは組織に必要であり、ある程度の合理性もあるでしょう。

ただし、一方でデメリットもあります。

それは「モチベーションが長期的に持続しづらい」ということです。

厳しく叱責してお尻を叩けば、短期的な瞬発力を生むことはできるかもしれません。

しかし、やがて組織は疲弊して、結局元に戻ってしまいます。

給料によってつくられたモチベーションも瞬間的には効果がありますが、やがて効き目が切れてしまいます。

給料が上がることは社員にとってはうれしいことですし、やる気にもなるでしょう。ところが、やがてそれは当たり前のことになってしまいます。

どれだけもらっても、もっとほしくなってしまう。それが報酬というものの性質です。

人への恩義は死ぬまでなくならない

反対に、内側から湧《わ》き出るモチベーションを「内発的動機」と呼びます。

仕事そのものに夢中になること、あるいは他者から信頼され、認められることを通じて生まれるエネルギーがこれにあたります。「思いやり」で人を導く王道政治は、こうした内発的動機づけの効果があると言えるでしょう。そして、**内発的動機づけは外発的動機づけよりも長期的な効果をもたらします**。

司馬遷《しばせん》が著した『史記』の「刺客列伝」という編に、こんな話が出てきます。

晋国の主君である智伯《ちはく》の元に、予譲《よじょう》という兵士がいた。予譲は、一介の兵士にすぎな

第 1 章

どのように**人を動かす**か

い自分を認め、重用してくれた智伯にとても恩義を感じていた。

ところが、あるとき、智伯が政敵に暗殺されてしまい、予譲はたいそう悲しんだ。

他の兵士が政敵に寝返る中でも予譲はそれをせず、浪人として何年もの間、復讐の機会を待った。主君の敵を倒すために顔を変え、声をつぶし、自らの人生を仇討《あだう》ちのために捧げた。ついに政敵が目の前に姿を現したとき、「なぜそこまで過去の主君のために尽くすのだ」と聞かれて、「彼が私に与えてくれた恩義に報いるためだ」と答えた。

「士は己を知る者のために死す」という言葉と共に知られる話です。

「人から認められること」が、ときには命を懸けてもいいと思えるほどのエネルギーを人に与えることがあります。そして、それは長い年月にわたって持続するものです。

私にも若い頃に目をかけてくれた上司がいました。そのことは今でも覚えていますし、生涯感謝の気持ちを忘れることはありません。自分を認めてくれたことに対する恩義は、利害を超えたパワーを持つのです。

反対に、権力で人を動かすことの弱点は、ひとたび状況が変わるとパワーを失うところにあります。

孟子と同じく儒家の思想家である荀子は、こんな言葉を残しています。

「君主と人民は〝船〟と〝水〟のような関係性だ。水は船を載せて運ぶことができるが、同時に船をひっくり返すこともできる」

力で部下を従えていると、何かのきっかけで統制が取れなくなったときに思い通りに動いてくれないばかりか、自分の立場を危うくする可能性もある。

荀子はそう警告しているのです。

パワーやプレッシャーによるアプローチも、短期的に結果を出さなければならないときには必要でしょう。しかし、そうしたリーダーシップ一辺倒になってしまうと、徐々に部下は疲弊して離れていきます。

常に心から納得して動いてもらえるような接し方を心がけながら、状況に応じて「力」を使い分けたいものです。

伊藤さんも、結果を出すために良かれと思って実行したコミュニケーション（叱責）が、外発的動機づけに傾きすぎたのかもしれません。メンバーとの距離の取り方に改善の余地がありそうです。

「鬼滅の刃」お館様のリーダーシップ

孟子は、とりわけ優秀な部下を得たいのであれば、王道政治、つまり思いやりの心を持った政治をしなくてはならないと言っています。

天下の為に人を得る者、之を仁と謂《い》う。『孟子』

天下のために優秀な人物を得ることこそ、仁（思いやり）というのだ。

ものやお金を得るのは簡単です。しかし、人を得ることこそが最も難しい。

天下を治めるような偉大な政治をしたいのなら、思いやりによって優秀な人を得なくてはいけない。彼はそう主張しました。

この話に近い例を、大ヒットした漫画「鬼滅の刃」の中に見ることができます。

「鬼滅の刃」は、大正時代に生きる主人公・竈門炭治郎《かまどたんじろう》が鬼に家族を殺され、復讐のために旅を続ける物語です。

物語の中で炭治郎は「鬼殺隊《きさつたい》」という鬼を倒す部隊に入り、剣の腕を磨いていきます。

鬼殺隊を構成するのは、「柱《はしら》」と呼ばれる9人の剣士たち。この9人は非常に個性的で、いわば荒くれものの集団ですが、それを束ねるリーダーが「お館様《やかたさま》」と呼ばれる人物です。お館様は柱たちを統率する立場ですから、何となく屈強な人物を想像しますが、まったくそうでありません。むしろ、病弱で心優しい青年です。

一切の武力を持たないお館様が、なぜ荒くれものたちを束ねることができているのか。それは彼に「仁（思いやり）」の姿勢があるからだと私は考えます。

柱たちは、それぞれに悲しい過去を抱えています。

ある剣士は親兄弟を鬼に皆殺しにされました。また、別の剣士は自分の親が鬼に変えられてしまい、自分の手で自分の親を殴り殺しました。つらい記憶と深い悲しみがあるからこそ、柱たちは鬼に復讐するために厳しい修行に耐えて強くなっていきます。リーダーであるお館様は、彼らの孤独や悲しみを深く理解した上で接します。

彼は「鬼を倒せ」「強くなれ」などと、相手を鼓舞するようなことは言いません。ただ、剣士たちの悲しみに寄り添い、「頑張ったね」「そのままで君は立派だよ」と声をかけるのです。その姿勢に心を打たれ、剣士たちは命がけで剣をふるうのです。恐怖を克服した優秀な人材ほど、こうした優しさに心を動かされるのではないでしょうか。

考えてみると、強い人が幸せであるとは限りません。

勝ち続けてきた人は、「負けてはいけない」というプレッシャーと常に戦っています。また、周囲から「あの人は強い」と思われている人は、簡単に他人に弱みを見せることができません。だから、自分の心を開いて話をしたり悩みを打ち明けたりする人がまわりにいないことが多いのです。

組織においても、優秀な人材ほど孤独を抱えやすいということはないでしょうか。優れた人ほど、実は誰かに理解されたいと思っているのかもしれません。

自分より能力の劣る人を力で従えることは難しくありません。**自分よりも優秀な人を統率できてこそ真のリーダー**です。

「力で従えてほしい」と思っている人は少ないでしょう。とくに優秀な人ほど力のみでマネジメントされることを望みません。優秀な人を仲間にしたいのであれば、思いやりのリーダーシップを身につけておくことが大切なのではないでしょうか。

東洋思想実践のコツ1 点と点をつないで星座をつくる

それでは、実際にどんなことに気をつければいいのでしょうか。

本書は東洋思想を現場のマネジメントに応用することを目指していますので、ここからはもう一歩踏み込んで実践のコツを考えていきます。

ひとつめは、相手の行動の裏側にあるものを想像し、理解するということです。「鬼滅の刃」のお館様が剣士一人ひとりの悲しい過去をよく理解していたように、まずは相手のことを深く理解することが大切になります。

ここで心理学者の河合隼雄先生の考え方を紹介しましょう。

河合先生は京都大学名誉教授を務められた、日本の分析心理学の第一人者です。

河合先生が人間を理解するために用いたキーワードが「コンステレーション」です。

コンステレーションとは心理学者のユングが提唱した概念で、元々は「星座」という意味です。

一つひとつの星をつなぎ合わせると「星座」となり、そこには物語が生まれます。

古代の人たちは、単なる点の集まりを見ながら、「これはサソリだ」「あれはオリオンだろう」というように、想像をふくらませました。

人間を理解するときも同じです。

一つひとつの事象は「点」であっても、それらがつながると「意味の塊」ができます。河合先生は、カウンセリングの中でこの「意味の塊」を想像しながら、**「この人の中に何がコンステレートしているのか（＝どのようなストーリーがあるのか）」**を理解するよう努めていました。

河合先生の著作の中に、ある不登校児のエピソードが紹介されています。とても興味深いので、少し長いのですが、そのまま引用します。

子供に、「おまえ、何で学校へ行っていない、理由を言いなさい」と言うと、ほんとうは理由なんてわからんです、本人は。ただ、行っていないんです、要するにね。学校へ行っていないという子は、多くの場合は本人もほんとうは行きたいぐらいなんです。本人も行こうと思うし、前の晩に時間割をしたりするぐらいなんだけれども、行こうと思っても、何か動けないものがあるんですね。ところが、親が、「あんた、何で行ってないんですか、理由を言いなさい」と言うと、無理にでも言わないかんと思って、やっぱりサービス精神が出てきて、途中に犬がいるからとか何とかって言う。そう言うと、親のほうがほっとして、犬か、あの犬をのけようというようなことで、犬がのけられると困るんですね。次の理由を考えなければいかんわけですから。そうすると、先生がちょっと怖いとか言うと、先生が怖いから行っていない、これは学校が問題だということになりますね。

『こころの最終講義』（新潮文庫）

このエピソードでは、親が子どもを「点」で見ているばかりで、点と点をつないでその子の中にどういうストーリーがあるのかを見ていないことがわかります。

私たちは人と接する際に、相手が発する特徴的な言葉に飛びついたり、目立つ行動を一面的に切り取ったりして理解したような気になってしまいます。

しかし、それらは「点」にすぎないので、その人の思考の全体像を表しているとは限りません。そして、犬をどけようとする親のように、相手が動かない原因の特定を試み、それを単純に取り除くというアプローチで解決しようとします。

しかし人間の心理というのはそれほど単純なものではありません。

人間の行動の裏にはさまざまなストーリーが隠れています。

すべてを理解することは不可能かもしれませんが、少なくとも時間をとって話を聞き、点と点をつなげながら相手を理解しようとする姿勢が大切なのです。

そのストーリーの中には、ひとつの要素としてリーダー自身も含まれるでしょう。**自分という存在が相手にどんな影響を与えているのか**、考えてみる必要があります。

あらゆる角度から相手を見る

冒頭のストーリーで、伊藤さんは「営業計画表の入力を忘れた」という〝点〟だけでカッとなっていましたが、もう少し引いて見ることができていれば多面的に相手を理解できたはずです。

・その社員はなぜ入力を忘れてしまったのか。
・何か集中力を欠くような出来事が起きてしまったのではないか。
・そもそも普段からミスを繰り返すような人物だったのか。
・ミスがあったとしても、他に彼の長所や貢献しているところはなかったのか。
・自分の言動が彼にマイナスの影響を与えたことはなかったか。

こうした面にも目を向けられていれば、瞬間的に声を荒げずに済んだかもしれません。

そして、右に挙げたポイントを考慮した会話を展開できていれば、部下たちに「伊藤さんは私たちを理解しようとしてくれている」という印象を残せたかもしれません。

タイ人マネージャーのパフォーマンスはなぜ下がったのか

少し私自身の話をしましょう。

私はタイで起業し、タイ人のチームを率いて仕事をしています。

日本人とタイ人との間には、仕事のスピード感や正確さ、結果に対するコミットメントの仕方などに違いがあることがよく指摘されます。

タイで仕事をする日本人は、しばしばそうしたギャップに苛立ちます。

私自身も部下との間に軋轢《あつれき》が生じたことが何度もありました。

以前、私のチームに、あるタイ人のマネージャーがいました。会社の中核メンバーとして、創業期の会社を支えてくれた重要な人物です。

ところがあるときから、彼の仕事ぶりが以前に比べて変化していると感じるようになりました。レスポンスが遅く、頼んだ仕事をやってくれないこともありました。

私の目には仕事へのコミットメントがかなり低下しているように映りました。

彼はマネージャーですから、私はそれが非常に気になりました。マネージャーのコミットメントが下がると、その下にいるメンバーはさらに動きが悪くなってしまいます。ですから、私からの指摘を増やすなどの対応をしながら変化を期待しましたが、なかなか変わる兆しが見えません。

そんな状態がしばらく続いたので、あるとき彼とじっくり話す機会をつくりました。すると、彼は少しずつ自分のプライベートについて話してくれたのです。

聞くと、飼っている犬の体調が悪く、ほぼ危篤状態になっているということでした。その犬は老犬で、彼が子どもの頃からまるで兄弟のように過ごしていた家族同然の存在でした。

彼はつきっきりで犬の面倒を見なくてはいけないことや、そのために仕事にあまり身が入らなくなっているということを打ち明けてくれました。

長年家族のように接してきた愛犬が、今まさに人生を終えようとしているのであれば、最期の瞬間にそばにいてあげたいという思いは十分理解できます。

愛犬に対する思いを話しているうちに、彼の目にはうっすら涙が浮かんでいるようにも見えました。

私はペットを飼った経験がないので、彼と同じ感情を完全に共有することはできません。しかし、自分の家族が同じ状況になったら、きっと似たような心境になるだろうと想像できました。

「仕事は仕事だ。ペットはプライベートのことだから、両者を混同するべきではない」

そう考える人もいるかもしれません。それもひとつの価値観でしょう。

しかし、必ずしもすべての人にその価値観が共有されるわけではありません。

とくにタイ人は家族と過ごす時間を非常に大切にしています。家族の存在なしには幸福を感じられないし、仕事もうまくいくはずがない。これがタイ人の一般的な感覚です。

一方、「仕事はプライベートより優先されるべき」というのは日本社会の伝統的な価値観です。そうした勤勉さは誇れる面でもありますが、相手に押し付けてよいかどうかは、国内外問わず気をつけるべきでしょう。

私も若い頃に家族の体調不良で悩んだことがありました。そのときに当時の上司に事情を話して、仕事を調整してもらったことがあります。そんな自分の体験談を共有しながら、タイ人マネージャーとの対話を進めていきました。

結論として、少し仕事のペースを調整し、在宅勤務なども取り入れながらやっていこうねという会話をしました。また、そうした大切な話を共有してくれてありがとう、と感謝の気持ちも伝えました。

しばらくすると、彼の仕事ぶりが徐々に変わってきました。私に事情を話してスッキリしたのか、あるいは彼の中で何か変化が起きたのか、真相はわかりません。

しかし、期待していた対応や行動を以前よりも心掛けてくれるようになりました。

お互いの中で知らなかった情報が共有され、互いの価値観を承認し合うことで相互に変化が起こった。そんなふうに捉えることができるかもしれません。


ここから得られる学びは、単に外国で働いている人は異文化を尊重しようという話ではありません。より一般化して、「異なる価値観を自分の基準で判断せず、いったん受け入れる」「そうすることによって、人間の態度や関係性は変容することがある」と捉えていただきたいと思います。

人は理解されることで変わる

私は普段から「人を変えるためにはどうしたらいいか」という相談をされますが、多くの場合、「何度厳しく注意しても直らない」「第三者から伝えてもらえないか」など〝伝え方〟によってその人を変えるという話に終始します。

しかし、人間は人から言われても変わらない生き物です。

イソップ寓話「北風と太陽」の旅人のように、強制的に人から何かをされるほどガードを固くして、頑《かたく》なに変化を拒むようになります。

あなたが誰かを動かしたいのであれば、「人は強制では変わらず、自ら変わる」と考えた方がいいでしょう。そのためには、一度相手を理解して受け入れてみることです。

そうすることで、結果としてあなたに心を開き、こちらの言葉を聞き入れてくれるようになるかもしれません。**人は理解されることで変わる**のです。

「変わってくれ」と口を酸っぱくして言ったり、「変えよう」と強引な態度をとったりするのが一般的なアプローチだと捉えるなら、これは正反対の考え方だと感じるかもしれません。

しかし、そうしたやり方が存在することも知っておいて損はないでしょう。

東洋思想実践のコツ2 「変える」のではなく「加える」

相手を受け入れると言いましたが、仕事ですから変わってもらわなければ困る部分もあります。そこでお勧めしたいのが、**「変える」のではなく「加える」**という考え方です。

そもそも人間は、そう簡単には変化しません。

とくに左に挙げるような人間性や性格を変えるのは相当難しいです。

【社会との関わり方】
社交的／内向的
【物事との向き合い方】
論理的／感情的
【人との関係性の築き方】
勝敗・優劣にこだわる／調和を好む
【仕事への取り組み方】

効率重視／プロセス重視

このような人間の本質的な特徴は、遺伝や教育、幼少期から青年期にかけての学校生活でほぼ形成されてしまいますから、「変われ」「ここがダメだ」と言っても、フィードバックの効果はあまり見込めません。

整理整頓が苦手な人が急に片付け上手になったり、時間をかけて仕事をする人がいきなり手際よく仕事をするようになったりするケースを私はほとんど見たことがありません。まったくないとは言いませんが、確率はかなり低いでしょう。

にもかかわらず、部下の人間性を180度変えようとする上司がいますが、それはあまり効果的ではないように思います。

では、どうしたらいいのでしょうか？

相手の長所をいったん認めて、そこにプラスアルファで「加える」提案をするのです。

仕事をゆっくり進める人は、手順を守ったりミスがないように注意深く仕事をしたりと、何かしらの良いところがあるはずです。まずはそこを認めてあげるのです。

その上で、丁寧な仕事を評価しながら、「もう少しだけ仕上げを早めてみようか」と提案するのです。

結局、変化することを提案しているじゃないかと言われそうですが、大事なのは伝え方です。「あなたは仕事が遅いから、もっと早くして」と言われても、それを素直に受け入れられる人は少ないでしょう。けれども、「今の自分に少しだけ加えてみよう」と言われると、少し自分を認めてもらえた気持ちになります。相手の中に変化するエネルギーを生み出すことが大切なのです。


「何だ。そんなことか」と思うかもしれません。

しかし、口で言うのは簡単ですが、実践するのは至難の業です。

相手を認めようと思っていても、普段から「アイツはダメだ」という考えがどこかにあると、伝えるときに表情や口調にそれが出てしまいます。

気をつけようとしていても、いざ本人と会話をするとなると、否定的な感情が態度に出てしまうリーダーは少なくないのではないでしょうか。

それだけ、自分の「あり方」を変えるのは難しいのです。

異なる考え方だからこそ価値がある

そこで意識したいのが、**相互に生かし合う**という考え方を自分の中に持つことです。

なぜ、私たちは相手に不満を感じるのでしょうか？

それは自分と考え方が違うからです。

たとえばスピード重視な人はテンポの速い議論を好みますから、じっくり検討するタイプにイライラする傾向があります。

先ほど例に挙げた私とマネージャーの関係もそうでした。

私はスピード重視のタイプなので、「もっと早く結論を出したい。細かく検討するということは私に賛成していないのではないか」と思っていました。

反対に、相手のタイ人マネージャーは私が拙速に物事を決めることに違和感を覚え、結論を急ぐ私の姿勢にストレスを感じていたと思います。こうしたギャップが意見の違いとなって表面化し、やがて関係を悪化させていくことになるのです。

ここで大切なのは、**違いがあるからこそチームの価値が高まる**という視点です。

スピーディーに決める人にとって、じっくり検討する人は敵ではありません。なぜなら、「熟考」という自分にはない要素に気づかせてくれるからです。拙速な判断で失敗するリスクを避けてくれる、貴重なパートナーと見ることもできるでしょう。

もちろん、そう考えることは簡単ではありません。

人間は、自分とは異なる相手に直感的に嫌悪感を抱いてしまうからです。

だからこそ、直感に動かされるのではなく、立ち止まって自分をコントロールしてみる。苛立っている自分を認識したら、「いかん、いかん」と気持ちを抑え込み、相手の考えを自分に「加え」たらどうなるかを考えるのです。

違いが自分を成長させる

「あの人とは考え方がまったく違う。だからうまくいかないんだ」

仕事をしていると、こういう気持ちになることは必ずあるでしょう。

一人ひとりは違う人間ですから、考え方が異なるのは、ある意味で当然です。

ただ、その理屈を是としてしまうとすべての人とうまくいかなくなってしまいます。

問題は「考え方の違い」ではなく、「違いに対する姿勢」の方にあるのではないでしょうか。

自分とは異なる考え方を「正しい」「正しくない」ではなく、あくまでも「違い」として捉えてみるのです。それができれば、自らを成長させるのは**異なる意見と対立して勝つことではなく、新たな要素を自分に「加える」こと**だと気づくはずです。

生き物があまり好きでない人は、ペットを飼っている人の話を聞いても「ふ〜ん」と聞き流してしまうことが多いでしょう。正直なところ、自分には興味がないからです。本当にその人と良好な関係を築きたければ、「この人はペットが好きなんだな。もっと話を聞いてみよう」と、その人の言葉に耳を傾けてみる。

他者を尊重するとは、そのような態度を示すことではないでしょうか。

私自身、今まで考え方が合わない上司や同僚、取引先なども少なからずありました。ですが、今思えば、その経験から学ぶことも多かったと思います。

すべての出会いには意味がある。どんな人も相互に学び合う関係である。このように捉えることで自分を一回り大きく成長させることができるのではないでしょうか。

人との出会いを大切にする姿勢を示していければ、徐々に周囲があなたと同じ方向に進んでくれるようになるでしょう。

その後のストーリー

信頼していた木下から退職の相談を持ち掛けられた伊藤は、自分のマネジメントスタイルを変えなければならないと感じていた。

（どうして若手は指示通りに動いてくれなかったんだろう）

そこで気づいたのは、自分のコミュニケーションがメンバーを委縮させるだけで、行動を起こすモチベーションにはつながっていなかったということだった。

自信を失っている組織に追い打ちをかけるようなアプローチをしても、さらにやる気を失わせることになりかねない。伊藤はその事実が理解できていなかった。

伊藤はメンバーの行動管理や実績の報告を木下に一任することにした。

元々木下は実績も行動も申し分なく、信頼できる人物だ。また、メンバーとの距離は、伊藤よりも木下の方が近い。メンバーにとって木下は話しやすい存在だ。

ならば、木下が営業としてのあるべき姿を示してくれれば、自分が厳しい指導をする必要もないだろう。伊藤はそう考え、自分からメンバーに対して足りない部分を指摘することは極力しないことにした。

また、チームを「負けグセのついた組織」と一面的に判断するのではなく、違った角度から理解するように努めた。

できていないことを指摘するばかりがマネジメントではないだろう。そう考えた伊藤は、できていることにも目を向け、なるべくそれを話題に出すようにした。

キーマンである木下とは定期的な面談を行うようにした。

じっくり話をする中で、木下は長年交際している恋人と結婚を考えていることを打ち明けてくれた。婚約者と子どもの計画や住宅購入などの話をしているときに、より安定的な生活が保障される企業に転職した方がいいのではないか、と言われたという。

そんな会話をしていたところ、職場の雰囲気が悪くなったので、思わず転職の話を伊藤に切り出してしまったのだ。

（オレは木下さんのことを何も理解していなかったんだな……）

お互いにじっくりと話を聞くことで、伊藤と木下の間にはより確かな信頼関係が築かれていった。

COLUMN

プミポン国王の仏教的リーダーシップ

２０１６年10月13日。タイで大きな出来事が起きました。

名君として長年国民から愛されていたプミポン国王が逝去されたのです。

絶大な人気を誇った国王の死を、タイの人々は大変悲しみました。

ニュースで当時の様子をご覧になった方もいるでしょうが、国全体が喪に服し、すべての人がしばらく黒い服を着て過ごしたため、街は黒一色になりました。

国王崩御の一報が流れたとき、電車の車内ではスマホのニュースで第一報を知った乗客たちによるすすり泣きが始まったそうです。

私の会社で働いていたタイ人の社員たちの中にも、職場で涙を流す人がいました。

タイの国民にとっては、実の父親か、それ以上に愛されていた政治リーダーであったのでしょう。

プミポン国王が提唱したのが「セータギッ・ポーピアン（足るを知る経済）」です。

経済においては、欲を出しすぎてはいけない。

ほどよく豊かになり、ほどよく消費するのが最も良いことである。

これはまさに仏教的な「中庸」の考え方です。

プミポン国王は、仏教の思想を国家の中心に据えて国を統治したのでした。


当時、タイの国内では「国王が娘に送った言葉」が拡散されていました。

とても印象的な内容でしたので、ここでご紹介したいと思います。

娘へ
この世界では、すべてのものは常に対をなしている。

闇と光。

善と悪。

好きな方を選べと言われたら、誰もが明るい方を、良い方を選ぶだろう。

しかし、その願いを叶えるには、明るい方、良い方に向かうには、人を愛することが必要だ。

人を愛することで、あらゆる問題は解決できる。
この世界は幸福で満たされ、平和になり、愛であふれるようになる。
お前に伝えておきたい。

①まわりの人をみんな友と言いなさい。人は共に生を受け、共に歳を重ね、共に痛みを分かち合い、共に天に召される。過去も、現在も、未来も、いつのときもすべてを分かち合う友だと。

②世界の良いところを見なさい。そうすれば世界はより良いものになる。現実をきちんと見ること。そうすることで問題のあるべき解決策が導き出される。

③自分の足で立ちなさい。すでに満たされているのだというベースを自分の中に持つこと。今あるもの、今得られているものに満足すること。執着せず、あればいいがなくてもいい、という考え方を持つこと。

身の丈に合ったもので満足すること。持っているものが少なければ、得られるものが少なくても、それで満足すること。

——余裕を持つこと。自分に余裕がないとまわりに迷惑をかけてしまう。
——そこそこで満足すること。働いて、その働きに見合ったもので満足すること。
——自分自身に見合った立場でちゃんと生きること。

④ぶれない心を持ちなさい。怠惰は罪であり、勤勉さには価値があると知りなさい。嫌なことがあったときには、またいいこともあるし、楽もあれば苦もある。賞賛を浴びることもあれば陰口を叩かれることもある。ついているときもあれば運に見放されるときもある。それが自然の摂理なのだと唱えなさい。むやみに嘆いたりせずに、「そういうものだ」と思いなさい。
父より

このような文章です。国民から敬愛された彼の人間性をよく表した内容だと思います。また、全体を通じて仏教の世界観がにじみ出ていることからも、プミポン国王が敬虔な仏教徒であることがよくわかります。

タイでは彼のこうした姿勢が教育の軸になってきました。そのため、タイ人は仏教的価値観や行事を重んじ、争いを好まない人が多いように思います。

プミポン国王が亡くなってから6年以上が過ぎ、タイの政治は混乱のさなかにあります。最近では国王の評価について見直される動きもあり、何が正しいのかは時代の審判を待たねばなりません。

しかしながら、国王が提唱していた仏教的価値観の素晴らしさと、それが人々の心を強く動かした事実は揺らぎません。

とりわけ、「奪い合うよりも分かち合う」「人を愛することで問題を解決する」というリーダーの姿勢は、争いの絶えない現代において重要な意味を持っています。

私にとっては、リーダーのあり方について多くの学びを得た存在でした。

第2章

どのように人を育てるか

人の患は、
好んで人の師と為るに在り。
『孟子』

悩ましいのは、
人間は進んで物事を
教えようとしてしまうことである。

「優秀すぎる」係長の人材育成

伊藤の率いる営業1課は複数のグループに分かれており、何人かのキーマンがいた。

そのうちのひとりが、第2グループの係長、橋本だ。

橋本は係長の中では最も若く、第1グループの係長である木下と共に、会社から大いに期待されている。

だが、懸念がないわけではない。

「優秀すぎる」がゆえに人に求めるレベルが高く、下の者たちがついていけない。

そんな声も聞こえてくる。

伊藤は第2グループの若手メンバーと話したことがあるが、その際に耳にした橋本の評判は、「言い方がきついから委縮してしまう」「人に対する見切りが早い」「相手ができる人かできない人かによって対応が全然違う」といったもので、どれも芳しくないものばかりだった。

伊藤は日に日に橋本が置かれている状況を気にかけるようになっていた。

そんなある日、吉田というチームメンバーから心療内科の診断書が提出され、しばらく会社を休むという報告があがってきた。

吉田は入社4年目で、橋本が率いる第2グループに属している。

早速、伊藤は橋本から様子を聞くことにした。

「聞いたよ。吉田くん、しばらく休職するんだって?」

橋本はあまり気にしていない表情で言った。

「吉田の件については申し訳ありません。彼に対する指導は正直一番苦労していました。だからこそ、相当目をかけてきたつもりです。毎週2、3時間はマンツーマンで話し、対面が難しいときには電話で話すこともありました。指導にはかなり時間を割いてきたんですけどね。こんな結果になって私もショックなんですよ……」

橋本が決して育成をおろそかにしていなかったことは、よくわかった。

むしろ、若手を育てることには熱心なタイプだと言える。

伊藤が橋本にメンバーの育成方針について聞いてみると、こんな答えが返ってきた。

「うちのチームは若手が多いですから、まずは〝型〟を教え込むことが大事だと思っているんです。私は自分の営業スタイルを一通り〝型〟にして、それを何度も繰り返し伝えるようにしています。量をこなすことが、やがて質につながります。スポーツと同じですよ。圧倒的な練習なしに一流になった人なんていませんから」

大学時代にラグビーに打ち込んでいたという橋本は、そう言って胸を張った。

橋本の考え方はよく理解できる。

しかし、どこか引っ掛かるものを感じた伊藤は、橋本の指導についていける人とそうでない人で対応に差があるという指摘が出ていることについて確認してみた。

「できるヤツとそうでないヤツの差はどうしても出てきますね。できるヤツにはある程度自分でやらせます。できないヤツは私自身の関与を増やします。どこが足りていないかのフィードバックも大切だから、はっきり伝えますよ。

たとえば吉田は行動が遅いんです。なかなか動こうとしない。だからまず動けと言い続けて常に意識させるようにしていました。本人が自分の強化ポイントを常に意識できるようにならないと、成長はありませんから」

橋本の育成スタイルは、筋が通っている部分も多い。相手を引き上げようという熱意が伝わってくるし、面倒見もいい方だと思う。しかし、今回の吉田のように休職する者が出てしまえば、話は別だ。

「橋本くんの考え方は間違っていないと思う。ただ、もう少し柔軟な指導スタイルも取り入れてみたらどうかな？　ある程度説明したら見守ってみるとか」

伊藤は控えめに提案してみた。

ところが、橋本は納得しなかった。

「おっしゃることはわかります。ですが、全員が言った通りに動けるわけじゃないですよね。才能には個人差があります。うまくいかなければ、結果が出るように上司がつきっきりで指導する。それって当たり前のことじゃないですか？　できない人間をそのままにしておく余裕は今の会社にはないはずです。吉田には申し訳ないですが、残念ながら営業として一流になれるだけの素質を感じませんでした。これを機に別の部署への異動を検討していただけないでしょうか」

畳み掛けるように話す橋本を前に、伊藤はしばし考え込んでしまった。

本章のテーマは「人はどうすれば育つのか」です。
私がコンサルタントとして仕事をしていて、最も相談の多いテーマが「人を育てる」ことです。多くのビジネス書で語り尽くされてきたテーマですが、「こうすれば人は育つ」という正解は存在しません。それだけに奥の深いテーマなのです。
この悩みについても、東洋思想の中に実践に役立つヒントがあります。

教えすぎると人は育たなくなる

前章でも取りあげた孟子の言葉には、次のようなものもあります。

人の患《うれい》は、好んで人の師と為《な》るに在《あ》り。『孟子』

悩ましいのは、人間は進んで物事を教えようとしてしまうことである。

孟子が憂いているように、人は自分が知っていることやできることを、つい教えようとしてしまいます。しかし、教えることが必ずしも人の成長につながるとは限りません。

とくにプレイヤーとして優秀な人ほど指導に熱心になる傾向にありますが、それが逆効果になることもあります。

人を指導するときの注意点は、『論語』の中にも見ることができます。

子曰く、忠告して善《よ》く之を道《みちび》く。可《き》かれざれば則《すなわ》ち止《や》む。自《みずか》ら辱《はずかし》めらるる無かれ。

『論語』

先生は言われた。アドバイスにより人を正しい方向に導くべきだ。しかし、効果がない場合は直ちにそれをやめるべきだ。自分自身の恥辱を招くことがないように。

熱心に教えているのに相手が育たないとは、どういうことなのでしょうか。

それは**主体性**という視点が欠落しているからです。

「仕事ができるようになる」とは、自分の頭で考え、自分で答えをつかみとり、最終的に自分から行動できることでしょう。

人材育成は、あくまでもそのレベルに引き上げるためのプロセスなのです。

常に上司の顔色をうかがい、上司の判断を仰ぐような仕事をしていると、その部下は上司の持っている答えを探すだけ、というスタイルから抜け出せません。人材育成に熱心な上司とその下にいる部下ほど、こういう「答え探し」の関係になりがちです。

人材育成の主役は部下本人です。上司はあくまでアシスト役、つまり支援する側にすぎません。強い信念や方針を持っている上司は、得てして自分を主役にして己のスタイルを押し付けてしまいがちです。

しかし、部下を主役にして考えないと、部下はいつまでも受け身の姿勢で仕事をすることになります。これでは、部下の成長は望めません。

「部下が奏でたい音楽」を想像できるか

岡倉天心（↓24ページ）が東洋文化を西洋に紹介するために書いた『茶の本』の中に、人材育成に通じる「琴馴《ことな》らし」という話が出てきます。要約して紹介しましょう。

昔、中国の洛陽《らくよう》に龍門の谷という場所がありました。そこに森の王と言われた大樹がありました。枝が空高く伸び、根は地中深く潜っている、とても巨大な樹木でした。

あるとき、妖術師がその樹から「琴」をつくります。琴は皇帝の持ち物となりました

第 2 章

どのように**人を育てる**か

が、不思議な力を持っており、どんな名人が弾こうとしても聴くに堪えない音しか出せません。

それから長きにわたり、琴は誰にも鳴らすことはできませんでした。

ところが、あるとき伯牙《はくが》という琴の名手が現れました。

彼は暴れ馬をなだめるように優しく琴にふれ、静かに弾き始めました。

伯牙が自然や四季についての音楽を奏《かな》でると、琴は自分が樹木であった頃の記憶をよみがえらせ、心地よい音楽を流しました。

伯牙は愛の歌、戦いの歌などを次々と奏で、その美しい音色は聴衆を魅了しました。

皇帝は大変感激し、伯牙に琴を鳴らす秘訣を尋ねました。

すると伯牙はこう答えたのです。

「陛下、他の人々は己のことばかり弾くのでうまくいかなかったのでしょう。私は琴に主題を尋ねました。すると、琴が私なのか私が琴なのか、自分でもわからなくなったのです」

これは元々芸術鑑賞の態度に関する話として紹介されていますが、私はそのまま人材育成にも当てはまると思っています。

「琴を弾き鳴らしてやろう」という態度で接した名人たちは、誰ひとりとして琴を鳴らすことができませんでした。ところが、**琴に主題を尋ねた**伯牙だけが、琴を美しく鳴らすことができたのです。

「奏でたい音楽を楽器に尋ねる」というのは不思議な感じがしますが、相手を主役と捉えることとそれを生かすことの大切さを、このエピソードは教えてくれます。

楽器に意志があるかどうかはわかりませんが、部下には間違いなく意志があります。部下という個人がどんな音楽を奏でたいのか。まずはそれを理解して、部下が望む音を出せるようサポートしていく。それが上司としての望ましい「あり方」なのです。

人を育てることで自分自身も成長する

もうひとつ、伯牙は面白いことを言っています。

「琴が私なのか私が琴なのか、自分でもわからなくなった」という一節です。どこか哲学的な響きのある文章ですが、どういうことでしょうか？

これは**自他一体の境地**を表しています。

東洋では物事を「つながり」によって捉えるため、物事をきれいに切り分けられないということを序章で書きました。それと同じで、自分と他者もまた、明確に分けることはできない。これが「自他一体」という言葉の意味です。

この場合の〝自〟は伯牙、〝他〟は琴です。

伯牙は、これらが渾然《こんぜん》一体となって区別がつかなくなったと言っています。

つまり、「琴」が「伯牙」を奏でることもあるわけです。

「楽器が演奏者を奏でる」

そんなことがあるのでしょうか。

現代では、バイオリンなどの高価な楽器の世界で、「名器は演奏者を選ぶ」と言われることがあります。「名器をよく理解し、その良さを引き出せる人でなければ質の高い演奏はできない」ということでしょう。これは、楽器が演奏者を通じて曲を奏でている状態と言えなくもありません。

では、人材育成における「自他一体」とはどういうことでしょうか。

それは、**人を育てる過程において上司も成長していく**ということです。

部下は一人ひとり異なる存在ですから、上司はそれぞれの個性に合わせて接し方や教え方を変える必要があります。その過程で上司自身のスタイルも広がっていくのです。

また、場合によっては部下の方が優れている領域もあるでしょう。そうした能力の差を受け止めつつ学ぶ姿勢を持てるようになると、上司もまた成長することができます。

海外勤務を経験したリーダーの成長

海外で仕事をする日本人リーダーの多くは、この「部下から学ぶ」という経験を否応なく経験させられます。文化の違いに直面すると、そうせざるを得ないからです。

たとえば東南アジアの外国人スタッフは、日本人と比較すると時間をあまり守らない傾向にあります。

「時間を守ってね」と言っても、当然のように遅れてきます。

こうした経験は「どう伝えればわかってくれるのか」「こちらの対応にも柔軟性を持たせなければならないのでは?」と、リーダーの価値観を揺さぶることになります。そして、葛藤しながら自分のマネジメントスタイルをアップデートしていくことになるのです。

結果として、海外で経験を積んだリーダーは、大きく成長して日本に帰ってくることになります。これこそが「部下を育てながら自分を育てる」という経験です。

「異文化」「異言語」といった、前提が大きく違う環境に身を置くと、強制的な自己変容が求められます。海外での経験は経営者への登竜門だと言われますが、そうした育成効果があるからだと私は思っています。

しかし、前述したような柔軟な姿勢は、仕事の拠点がどこであろうと、これからの時代、すべてのリーダーに求められるようになるでしょう。

「色眼鏡」で相手を見ていないか

話を戻しましょう。

相手を「主役」として育成していくためには、相手のことをよく知る必要があります。つまり、相手がどんな音楽を奏でたいのか、それを理解しなくてはならないのです。しかし、私たちが人を見るときは、相手の印象が固定的になりがちです。「彼は○○な人間だ」と思ったら、そのイメージでずっと相手を見てしまう。そのような〝色眼鏡〟で相手を見てはならないという警告が論語にはあります。

子曰く、吾《われ》、回《かい》と言うこと終日、違《たが》わざること愚《ぐ》なるが如《ごと》し。退《しりぞ》きて其の私を省《かえり》みれば、亦《ま》た以て発するに足る。回や愚ならず。『論語』

先生は言われた。回（弟子の名前）と終日議論していたが一切の異を唱えない。まるで愚か者のようだった。しかし、彼がいなくなってからよくよくその様子を観察すると、私の教えを十分なまでに実行している。回は愚か者などではなかった。

この話は、**一面的に人を判断することの危険性**を教えてくれます。

実は、私にはこれとまったく同じ経験があります。

私と話すときに、黙って聞いているだけであまり質問や議論をしない部下がいました。もっと丁々発止のやりとりをしたかった私は、正直その部下に物足りなさを感じていました。ところが、やがてそれが大きな間違いだったと知るのです。

あとで提出されたドキュメントは、見事な出来栄えでした。

彼はその場で発言しなかっただけで、大切なことをしっかりと咀嚼《そしゃく》できていたのです。私は一方的な価値基準で彼を評価していたのだと反省しました。

同じようなことがみなさんの日常でもあるのではないでしょうか。

これには**バイアス（固定観念・先入観）**が強く働いています。

人間は過去の経験から、一定の価値基準を心の中につくりあげます。そして、基準に当てはまるものは良い、当てはまらないものは悪いと判断しています。

私の場合は、過去の経験から「積極的に質問・発言をする人は優秀である」という固定観念があり、それが先ほどのような人物評を導いてしまったのです。

ですが、これはときに「色眼鏡」となり、相手を間違った形で評価してしまいます。「回や愚ならず」のように、人を一面的な見方で判断しているのではないかという可能性を常に頭に置きながら相手に接する必要があるでしょう。

バイアスは、**相手の強み・弱みの判定**に表れがちです。

たとえば橋本さんは「行動すること」に大きな価値を置いています。それゆえ行動が遅い吉田さんを見るにつけ、「彼はダメだ」という印象を持ってしまいました。

果たしてそれは、本当に吉田さんの弱みなのでしょうか。

強みと弱みは常に表裏一体の関係にあります。

行動が速い人には粗さが目立ちますし、細かな検討を飛ばしがちです。

人は見たいものだけを見ようとする

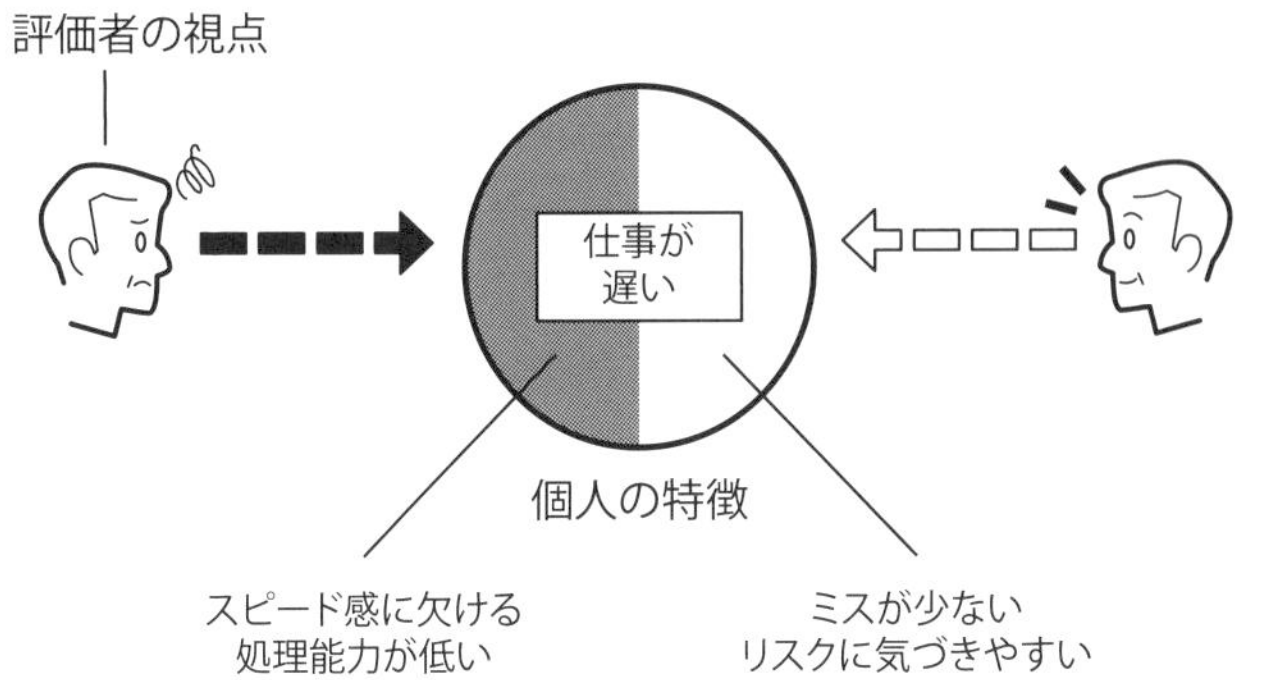

逆に行動が遅い人は、準備に時間をかけるクセがあるため、想定外のリスクに気づくことができます。

そこにあるのはあくまでも「個人の特徴」に過ぎません。それをどちら側から見るかによって、強みにも弱みにもなり得るのです。

重要なのは、両方からバランスよく見ること。見方を変えることで、その人のことを正しく理解できるようになるでしょう。

とはいえ、「両側から見る」という行為は簡単なことではありません。

理屈ではわかっていても、人間のバイアスがどうしても投影されるので、つい自分が見たい方から見てしまうのです。

「行動すること」に強い信念を持っている橋本さんが、初動が遅いことを「弱み」だと判断してしまうのはやむを得ないことでもあります。

相手をもう一度見る「リ・スペクト」

人間が持つバイアスを取り除くことは、究極的には難しいと言われています。

けれども、「バイアスを認識する」ことは可能です。

認識できれば気を付けることができます。相手の特徴を「弱み」だと認識しそうになったら、いったん判断を留保し、直感的な反応を抑え込むのです。そうしたセルフコントロールができないと、部下の良さを伸ばすことは難しくなります。


ここで紹介したいのは**「リ・スペクト」**という考え方です。

リスペクト（respect）は「尊敬・尊重」という意味で、すでに日本語としても使われていますが、語源的には「リ（＝再び）」「スペクト（＝見る）」です。

つまり、「相手をもう一度見る」ということなのです。

相手の行動が気になってもあえて口出しをせず、その人がやっていることをしばらく見守ってみる。あるいは、普段は気にしないような業務にも注目して、よく観察してみる。そうすると、その人の普段とは違う一面が見えてくるかもしれません。

『論語』にも、色眼鏡で人を見ることの危険性がさまざまな表現で指摘されています。先入観から自由になることは、それだけリーダーにとって難しいことなのでしょう。

互郷《ごきょう》は与《とも》に言《い》い難《がた》し。童子《どうし》、見《まみ》えんとす。門人《もんじん》惑《まど》う。子曰く、其の進むに与《くみ》し、其の退《しりぞ》くに与せざるなり。唯《た》だ何《なん》ぞ甚《はなは》だしきや。人、己を潔《いさぎよ》くして以て進まば、其の潔《いさぎよ》きに与せん。其の往《むかし》を保《ほ》せざるなり。『論語』

互郷という村は評判の良くない村だった。そんな村から、子どもが孔子に教えを請いにやってきた。門番はどうしようかと迷った。先生は、「進歩したい人は助けるべきだ。後退することを助けるべきではない。お前たちは、何をそんなに騒いでいるのだ。人が潔く前に進もうとするのなら、その潔さの味方になるべきだ。過去や環境のことを問うべきではない」と言われた。

私はこの、**相手が潔く変わろうとしているならば、それを信じる**という姿勢こそが人を成長させる上でとても大切だと考えています。なぜなら、人の成長を阻害しているのは、周囲の接し方であることが少なくないからです。

私は時々問題のある管理職のコーチングを依頼されます。

少しクセのある人でも、何度か対話を重ねていくことで、次第に心を開いてくれるようになります。その様子を社長や人事部に報告し、「彼も少しずつ変わろうとしていますよ」と言うと、「本当ですか？　そんなことばっかり言って、いつも変わらないんですよ。私たちも何度もだまされてきましたから」と、否定的な反応をされることがあります。

せっかく本人が変わろうとしているのに、周囲の「色眼鏡」がそれを邪魔している。

問題の社員が態度を変えないのは、まわりの評価が一番の原因なのかもしれません。

それはとても残念なことです。過去がどうであれ、今のその人を「リ・スペクト」し、もう一度よく見てあげたいものです。

東洋思想実践のコツ 1

学び合う「しくみ」をつくる

リーダーにとって、「人を育てる仕事」が重要であることは言うまでもありません。

しかし、ここではあえて逆のことを言いましょう。

リーダーは一人ひとりの育成に気を取られすぎてはいけません。

ひとりのリーダーがじっくり向き合えるのは、せいぜい4～5人まで。それ以上の人数になると、自分自身の時間が足りなくなってしまうからです。

多くのリーダーが、重要性はわかっていながらも、大抵は時間が足りないことを理由に部下の育成をおろそかにします。

それは仕方のないことでしょう。

人材育成以外にも、リーダーにはやるべきことがあまりにもたくさんあるからです。

『孟子』には、こんな一節があります。

子産《しさん》、鄭国《ていこく》の政《まつりごと》を聴き、其の乗輿《じょうよ》を以て、人を溱洧《しんい》に済《わた》せり。孟子曰く、「恵《けい》なれども政を為すを知らず。（略）政を為す者は、人毎《ひとごと》にして之を悦《よろこ》ばさんとせば、日も亦《また》足らず。『孟子』

昔、鄭国の子産という君主が自分の神輿《みこし》で人々が川を渡るのを手伝ってあげた。それを見た孟子は「人々に恵みを施すのはいいが、それは政治とは言えない。（略）一人ひとりを喜ばせようとしていては時間がどれだけあっても足りない」と言った。


孟子は、政治家がなすべきことは人民を神輿《みこし》に載せてやることではなく、橋を架けることだと言いました。この話は「しくみづくり」の重要性を教えてくれます。

部下が一定数を超えてきたら、個別の指導に時間を使うことは徐々にあきらめなくてはいけません。私の偏見かもしれませんが、「自分がつきっきりで指導します」と言う上司ほどしくみを軽視しがちで、結局部下が育たない。そんなケースが多い気がします。


では、どんなしくみが必要なのでしょうか。

それは互いの**学び合い**です。

たとえば先輩と後輩をペアにして学ばせ合い、そのペアを定期的に組み替える。

あるいは持ち回りで勉強会を主催してもらい、それぞれの得意分野を学習し合う。

このように、関係性を固定化せずに組み合わせることで、さまざまな方向から刺激が飛んでくるようにします。

自分はある人物を評価していなくても、別の人から、「そうですか？　私は優秀だと思いますけど」と言われることはしばしばあります。多様な目で人材を見ることによって、相互にポジティブな承認が受けられるようなしくみをつくります。

ストーリーの中では、橋本さんがマンツーマンで吉田さんを指導していましたが、このような徒弟制的なしくみは、視点の固定化とバイアスによる一方的な評価を招くリスクがあります。

もちろん徒弟制は、伝統芸能のように師匠の言うことが絶対という世界では、今なお有効に機能している面があります。

しかし、ビジネスの世界は変化が激しく、必ずしも上司が持っている知識が時代にマッチしているとは限りません。最近では部下の方が最新のテクノロジーや事例に精通していることが多いでしょう。だからこそ、育成に関わる人物を固定化させてしまうことにはリスクがあるのです。

むしろ、**四方八方に関係性の網の目を張り巡らし、そこから学び合うしくみを構築する**方がより現代的だと思います。

育成には向かない親子という関係

少し余談になりますが、最も関係性が固定化されているのが親子であり、親子ほど育成に向かない関係はないということは古典にも書かれています。

「親子の間には家族の恩や愛情があるので、それが邪魔をして正しい指導ができない。だから昔は子どもを取り換えて指導した」といった話が『孟子』の中に出てきます。

これは、関係性が長く（深く）なればなるほど指導育成が難しくなるという事実を示しており、大変示唆深いです。

さまざまな組織を見ていてもそう感じることがあります。同族企業の経営者である父と後継者であるご子息の関係や、小さな組織で上司・部下の関係性が長年にわたって続いている場合には、良くも悪くも固定的な感情が根底にあります。

長期間にわたって形成されたバイアスを取り除くのは簡単ではありません。ですから、お互いに「リ・スペクト」して行動を変えていくのも難しいと言わざるを得ません。

現実的には、「上司を交代させる」「新たな関係性を持ち込む（第三者を招くなど）」といった対応が必要になると心得ておいた方がいいと思います。

東洋思想実践のコツ2 上司が自ら成長する姿を示す

人材育成の最大のポイントとしてお伝えしたいのは、**リーダーが成長すれば部下は勝手に育つ**ということです。

京セラ創業者の稲盛和夫氏は「組織はリーダーの器以上にならない」と述べました。部下が成長しないとすれば、リーダーが自分の器を広げる努力を怠っているのかもしれない。そんなふうにわが身を振り返る必要があります。

知の巨人として弟子たちを導いた孔子ですが、その偉大さを弟子が表現した一節が『論語』に出てきます。

顔淵《がんえん》、喟然《きぜん》として歎《たん》じて曰く、之《これ》を仰げば弥ゝ《いよいよ》高く、之を鑽《き》れば弥ゝ堅し。之を瞻《み》れば前に在り、忽焉《こつえん》として後《しり》えに在り。夫子《ふうし》、循循然《じゅんじゅんぜん》として善《よ》く人を誘《みち》びく。我を博《ひろ》むるに文《ぶん》を以てし、我を約するに礼を以てす。罷《や》めんと欲して能《あた》わず。既に吾《わ》が才を竭《つく》す。立つ所有りて卓爾《たくじ》たるが如し。之に従わんと欲すと雖《いえど》も、由《よ》る末《な》きのみ。

『論語』

（孔子の弟子の）顔淵《がんえん》がため息をつきながら言った。先生は仰ぎ見れば見るほどますます高くそびえたっている。まるで岩に穴をあけようとしてもまったく切り開けず、前におられるかと思えば、いつのまにか後ろにおられるようである。先生は我々を順序良く指導してくださる。広く知識を与えてくださり、礼の実践についても正しく教えてくださる。大変だけれども、楽しくてやめることができない。自分たちも力を出し尽くしているのだが、先生は目の前にそびえたっている。先生についていこうとしても、とても及ばないのだ。

私はこうした圧倒的な実力とあるべき姿を見せることこそ、リーダーの最も大切な仕事だと思っています。顔淵が言うように「この人の基準についていくのはとても大変だけど、学びがあって楽しい」と思ってもらえれば、部下は自分から成長していきます。決して自慢するでも見下すでもなく、上司自身が自己研鑽《じこけんさん》を続け、その姿を示すことこそが育成の根本になるのではないでしょうか。

もちろん、「部下につきっきりでコーチングをする」「丁寧なフィードバックをする」といった育成手法も大切ですが、根本的にはリーダー自身が成長していなければ、部下の成長はおぼつきません。

同じことは子育ての分野にも当てはまるでしょう。

「子どもは親が言っている通りには育たない。やっている通りに育つ」と言われます。親に「部屋を片付けなさい」と言われても、子どもはイヤイヤ片付けるだけです。

しかし、親が自分から部屋を片付ける習慣があれば、子どもはそれを見て自発的に部屋をきれいにするでしょう。自宅にある書物の量と子どもの学校の成績には相関関係があるというデータもあります。親が本を読んでいれば、子どもも真似をして本を読むのです。

同様に、組織のリーダーが示すべきは「学び続ける姿勢」です。

私がお会いするリーダーで優秀だと思う方は、例外なく「学ぶ姿勢」を持っています。日常的に読書をし、知識や情報が得られるセミナーに面倒くさがらずに参加されています。

そうした姿勢を上司に見せられると、「自分も置いていかれないように頑張ろう」という思いが、部下の中にも自然と湧いてくるものです。

今までの自分を捨ててアップデートする

また、学びの機会に身を置くことで新たな〝気づき〟が得られ、そこから**「アンラーン」**という現象が起こります。

アンラーンは「学習棄却」などと訳されますが、今までの自分を（良い意味で）捨て去ることによって、ものの見方が変化する現象のことです。

先ほど、海外での管理職経験は価値観が大きく揺さぶられるという話を書きました。これなどは典型的なアンラーンです。

今までの自分を一度否定し、新たな自分にアップデートする——。

こうした成長は、新たな経験を積まなければ起こりません。

「自分はこれまでたくさん勉強してきたから」と自己研鑽をやめてしまうリーダーがいます。かつてプレイヤーとして優秀だった人ほど、そうした落とし穴にはまりやすいのかもしれません。

「学ぶ」というと新しい知識や情報を「取り入れる」イメージを抱きがちですが、それだけでなく、あえて「捨て去る」「上書きする」という学びの形こそ、リーダーにとって大切なことなのです。

その後のストーリー

伊藤は橋本と改めて面談の機会を持った。

無理に育成しなくていいから、育成の「しくみ」をつくることに注力してほしい。

また、そのしくみを課全体に展開することをリードしてほしい。

この2つが伊藤から橋本に依頼した内容だった。

課全体のしくみづくりに貢献できることを意気に感じたのか、橋本も少しずつ自分のやり方を見直し始めた。


橋本が導入したのは「メンター制」という取り組みだ。

吉田には別の先輩社員が担当につき、その先輩からのメンタリングが始まった。

この関係性は固定化されていない。

吉田が後輩社員のメンターとして指導側に回ることもある。

吉田が後輩を指導する様子を見ていた橋本は、

「こういう教え方をするんだな」

「オレが伝えたことを、アイツも結構後輩に伝えてくれているんだ」

という新たな気づきを得た。この試みを通じて、橋本は吉田の新しい一面を徐々に発見できるようになっていった。

橋本から吉田に行うフィードバックも、強みと弱みのバランスをより明確に意識できるようになってきた。

吉田が一つひとつの物事を丁寧に進める点は「強み」として承認し、感謝を述べた。加えて、もう一段スピードが上がると、チームとしても上司としてもさらに助かる。そんなリクエストを付け加えるようにした。

これまで橋本からの言葉を「否定されている」としか受け取らなかった吉田も、橋本に尊重されているような気持ちになり、自然とリクエストに応えていくようになった。考え方が変わると、行動も変わっていく。

橋本と吉田の関係は、伊藤から見ても歯車が噛み合うようになってきた。

こうして、第2グループの空気は少しずつ良くなっていった。

第3章

問題社員をどう評価するか

是非乱れざれば、
則ち国家治まる。
『荀子』

正しいことと悪いことを
間違えなければ、
国家は治まるだろう。

ワンマン係長の暴走

第2グループの橋本係長の問題も解決し、営業課は少しずつ前に進み始めていた。

しかし、伊藤にはもうひとつの悩みがあった。

それは、第3グループの係長、馬場の取り扱いである。

馬場は入社歴30年以上のベテラン営業マンで、プレイヤー兼係長としてメンバー5人を率いている。実力がないわけではないが、同世代に比べて昇進は遅めで、係長としての手腕には疑問符がついている。実際、馬場のやり方に賛同できない若いメンバーから、異動希望が相次いでいるのだ。

社内でリモートワーク制度導入の説明会が開かれたときのことだった。

人事部から一通りの説明が終わったところで馬場が手を挙げ、「最終的な運用は現場判断ですよね？　うちのチームは基本的には出社必須でいきます。営業がリモートワークなんてあり得ないですから！」と一蹴。会社の取り組みをまったく理解しようとしない姿勢に、人事部担当者や他の出席者たちも閉口してしまった。

伊藤は、馬場が退室したあとで、他の係長たちの馬場に対する印象を聞いてみた。

「はっきり言って、考え方が昭和ですよね。いまだに営業は訪問してナンボというスタイルを崩さないし、関係性をベースにした営業に頼るのは前時代的ですよ。若いヤツらは彼の下にいてもスキルが身につかないってボヤいていますよ」

「良い面もあると思うんです。数字を意識する姿勢は大したものですよ。それに、商談の前日には遅くまで技術資料を読み込んでいるから、商品説明にも信頼性がある。実際、彼を頼りにするお客さんも少なくないんですよね。ただ、仕事が個人商店的になっているのがよくない。お客さんの情報がブラックボックスになっていて、誰にも引き継げないんです。うちも今は組織営業になっているから、あのやり方だと困りますよ」

「納得いかないことがあると、時々大きな声を出すことがあるでしょ？　あんなことしてると若手は近寄れないですよ。みんな、馬場さんに対しては腫《は》れものにさわるような感じになっちゃってるんです。彼の商品知識をきちんと教えてあげれば若手の勉強にもなると思うんだけど、正直、今の関係性じゃ無理ですね。いっそ、プレイヤーでやってもらう方がいいと思いますよ」

周囲からの評価は芳しくない。

馬場に改善を促すのは、課長である自分の仕事だろう。

しかし、自分より馬場は10歳以上年上だし、若い頃は先輩後輩の間柄として可愛がってもらったこともある。彼の厳しい面がチームに〝緊張感〟を与えている面もあるだろう。そう考えると、正面から問題点を指摘するのは気が重い。

これまでにも何度か評価面談をしてきたが、結局、お茶を濁すような会話をして終わってしまった。

しかし、もうその場しのぎの対応をしている状況ではないだろう。彼に対する違和感が営業課内に強まっている今、何も言わないわけにはいかない。

伊藤は、その日の夕方、意を決して馬場を呼び止めた。

「馬場さん、今日の説明会のときの発言なんですが、あれは少し問題があります。もう少し会社の方針を理解してもらわないと若手に示しがつきません」

「理解できませんね。私は営業として当たり前のことを言ってるだけですよ。今は昔のように黙っていても数字が上がる環境じゃないんです。だから、一人ひとりが高い意識を持って仕事をしなきゃいけないんじゃないですか？　そうした意識統一をメンバー全員で一丸となってやらなきゃ。

それには目が行き届かないリモートだと、うまくいかないんです。第一、リモートだと細かい相談ができないでしょう？　画面上では商品の特徴だってわからない。うちのメンバーからは、原則出社の方針に反対意見は出ませんでしたよ。課長は数字を上げなくていいって言うんですか？　それに最終的には現場判断というなら、運営上は問題ないじゃないですか！　用事があるんで、もういいですか？」

馬場は強い口調でそう言って、部屋を出て行った。

伊藤は何も言い返せないまま、ドアを見つめるしかなかった。

本章のテーマは「問題社員に対する評価」です。周囲と軋轢を生むメンバーというのは必ずいます。そうした人の取り扱いも、私たちが避けては通れない問題です。
まずは、東洋の知恵にどのような考え方があるのかを見ていきましょう。

誤解されている「性悪説」

ここまでは『論語』の中にある孔子の言葉や、「王道政治」「性善説」を説いた孟子の思想を紹介してきました。本章では「性悪説」という考え方を紹介します。これは孟子と並んで儒家の中心人物だった荀子が説いたものです。

一般的に「性悪説でマネジメントする」というと、部下を全面的に信用せずに疑いながら管理するというイメージで使われることが多いのではないでしょうか。

私は「性悪説」は正しく理解されていないのではないかと思っています。

『荀子』からいくつか引用しながら見ていきましょう。

> 人の性《せい》は悪《あく》、その善《ぜん》なる者は偽《い》なり。今人《いまひと》の性、生まれながらにして利を好むこと有り、是れに順《したが》う、故《ゆえ》に争奪《そうだつ》生《しょう》じて辞譲《じじょう》亡《ほろ》ぶ。生まれながらにして疾悪《しつお》すること

有り、是に順う、故に残賊《ざんぞく》生じて忠信《ちゅうしん》亡ぶ。生まれながらにして耳目《じもく》の欲有り、声《せい》色《しょく》を好むこと有り、是に順う、故に淫乱生じて礼儀文理《れいぎぶんり》亡ぶ。

人の性は悪であり、善はつくられたものである。人の本性としては利を好むということがあり、それに従うと争いや奪い合いが生じるので譲るということがなくなってしまう。また、本来的に妬《ねた》んだり憎んだりするので、それに従うと人を傷つけてしまい、真心がなくなってしまう。また、本来的に五感から入る欲望があり、美声美色を好んでしまうため、これに流されるとみだらな行いが生じ、礼儀や条理がなくなってしまう。

然《しか》れば則《すなわ》ち人の性に順《したが》い、人の情に順えば、必ず争奪に出《い》で、犯分乱理《はんぶんらんり》に合《がっ》して、暴《ぼう》に帰《き》す。故に必ず将《は》た師法《しほう》の化《か》、礼儀の道有りて、然る後に辞譲《じじょう》に出《い》で、文理《ぶんり》に合して、治《ち》に帰す。

このように、人の本性に従い、人の情に応じていくと、必ず争いごとや奪い合いが発生し、分を犯し秩序を乱し、混乱に陥ってしまう。だから、決まりの強化や礼儀の道があってこそ、初めて譲り合いの気持ちが生じ、秩序にかない、正しい政治に至るのである。

以上が性悪説の主要な部分です。人間を「悪」と言いながらも、それは終生変わらないものではなく、むしろ正しい対応をすれば良くなっていくと言っています。

つまり、荀子は「人間は絶対的に悪だ」と言いたいのでは決してなく、**むしろそうならないために努力すること**が大事だと説いているのです。

彼はこのようなことも言っています。

凡《およ》そ禹《う》の禹為《た》る所以《ゆえん》の者は、其の仁義法正《じんぎほうせい》を為すを以てなり。然《しか》れば則《すなわ》ち仁義法正、知るべく能《よ》くすべきの理《り》有り。然《しか》り而して塗《みち》の人や、皆以て仁義法正を知るべきの質有り、皆以て仁義法正を能《よ》くすべきの具《ぐ》有り。然れば則ち其の以て禹と為るべきこと明《あき》らかなり。

禹《う》（夏王朝の創始者で偉大な王）が禹となった理由は、正しい行動や規則を実践できたからだ。だとすれば、正しい行動や規則には、それを知り実行できる道理が備わっていたのだ。しかも、普通の人にも、正しい行動や規則を知ることのできる素質があり、実践できる働きが備わっている。したがって、どんな人でも禹のような立派な人になれるのは明らかである。

荀子は「一般人でも正しい努力をすれば偉大な王のようになれる」とも言っています。こんなふうに読み取ると、言っていることは「性善説」を唱えた孟子とさほど変わらないようにも思えます。

「人は本来善である」と唱えた孟子に対して、「気を付けないと悪になってしまう。しかし、努力をすれば善になれますよ」と、より現実的な視点を提供したのが荀子だったのです。

こうした荀子の考え方は、性悪説というよりも、むしろ**性弱説**といった表現の方が近いのではないでしょうか。彼は「人は気を付けないと間違った行動をとってしまう弱い生き物ですよ」というメッセージを発したのです。

ここから、荀子は人をあきらめていたのではなく、どちらかといえば人間の可能性に大いに期待していたことがわかります。

バリューとシステムのバランス

では、私たちがするべき努力とは何なのでしょうか？

仁義法正、それはすなわち**正しく行動することとルールを守ること**の2つであり、いずれが欠けてもいけないと荀子は説きました。

古代中国の強国だった秦は厳格なルールで国を統治しました。その手法は一見、うまくいったかのように見えましたが、繁栄を長く維持することはできませんでした。

そこから導き出されたのが次の真理です。

「リーダーが徳を備えて正しい行動を示さないと、国民はついてこない」

しかし、確かにその通りではあるが、一方で孔子や孟子が説く「善い行いをしよう」「人は自ずから善である」という主張は理想的すぎるのではないか。

こうしたバランス感覚から、等身大の人間像を示したのが荀子だったのです。

荀子の人間観は現代的であり、かつ実践的であると私は考えます。

ビジネスにあてはめると、**バリュー（価値観）とシステム（制度）のバランス**と言い換えることができるでしょう。

「会社の価値観に沿っていれば良い会社になる」と信じるのはバリュー経営（価値観にもとづいた経営）で素晴らしいのですが、それだけでは楽観的でナイーブすぎます。

これに加えて、会社には適切なインセンティブを用いた信賞必罰の評価制度も必要でしょう。荀子は、実際に現代の企業で行われている経営システムをすでに提示していたのです。

リーダーは「徳」のある者に

評価制度のシステムを考えるにあたり、現代にも通じるしくみは、同じく儒教の経典『書経』の中に見ることができます。

徳励めるは、官にして励ましめ、功励めるは、賞にして励ましむ。『書経』

人徳の高い人は役人に迎えよ。功績のあるものは褒章《ほうしょう》を与えよ。

この考えは西郷隆盛が引用したことで知られるようになり、現代では**「功あるものに**

は禄《ろく》を与えよ。徳あるものには地位を与えよ」という表現で使われています。

つまり「人格や行いの良い人材は出世させてリーダーに据える」「成果を挙げた者には報酬（ボーナス）で報いる」というわけです。

この考え方は現代の人事制度にも反映されていて、業績を挙げた人にはインセンティブといった金銭報酬で応える一方、人事等級における昇格はリーダーとしての行動の積み重ねを見て判断すべき、と考えている会社が多いようです。

ここで挙げた「徳（人格・行動）の高い人物をリーダーにすべき」という方針は組織の生命線です。なぜなら、リーダーとは人の上に立ち、人に影響を与えて組織を成長させていく存在だからです。

部下はリーダーの行動を真似しますから、良い行動のお手本にならない人材をリーダーに据えてはいけません。

これを逆にして、短期的な実績を上げた者をその功績だけで出世させてしまうと、長期的には組織に不利益をもたらす可能性があるのです。

優秀でも規範は守らせる

注意すべきは「実績は上げるが価値観を守らないリーダー」の取り扱いです。20世紀最高のCEOと言われたジャック・ウェルチは、著書の中でそうした人材に対する対応をこう警告しています。

「このタイプは、部下にやる気を起こさせるのではなく、無理やりに尻を叩いて結果を出させる人が多い。ワンマンであり暴君だ。しかし、そうした欠点を大目に見てしまうことが少なくない。このタイプのマネージャーを抱えておくことはできない」(『わが経営』 宮本喜一訳 日本経済新聞出版)

今回のストーリーでいうと、馬場さんはもしかしたら似たタイプかもしれません。成果にこだわりすぎていて、メンバーの模範となる人物とは言えない状況です。

こういう人に対して、リーダーは「良くない」と感じながらも、扱いにくさからお茶を濁したような対応をしがちです。

けれども、馬場さんも係長である以上、人に影響を与える立場ですから「良い行動」をしてもらわなければいけません。また、そもそも馬場さんを係長にして部下を持たせた判断が正しかったのかを顧みる必要があるでしょう。

「良い」「悪い」は簡単には判断できない

ですが、馬場さんを「悪い」と決めつける前にもうひとつ気を付けておくべきことがあります。それは「馬場さんは本当に悪いのか」という点です。

人間に対する「良い」「悪い」を決めることは意外と簡単ではありません。物事に絶対はなく、ある面から見れば馬場さんにも良い面はあります。そうした多面的なものの見方も持ち合わせていないと、判断を間違えてしまいます。

序章でも述べた「良し悪しを決めつけない」という考え方は、東洋思想、とくに道教の基本的な考え方です。道教の代表的な思想家・荘子が著した『荘子』には、こんなくだりがあります。

夢に酒を飲む者も、旦《あした》にして哭泣《こくきゅう》す。夢に哭泣する者も、旦にして田猟《でんりょう》す。其の夢に方《あた》りてや、其の夢なるを知らざるなり。（略）且つ大覚《たいかく》有りて而《しか》る後《のち》に此《こ》の其の大夢《たいむ》なるを知る。而るに愚者《ぐしゃ》は自ら以て覚《さ》めたりと為し、窃窃然《せっせつぜん》として之を知れりとし、君《きみ》たるか、牧《ぼく》たるかと。固《こ》なるかな。『荘子』

夢の中で酒を飲んでいた者も、目覚めてから泣き始めることがある。夢の中で泣いていた者も、翌朝楽しく狩猟に出かけることがある。夢の中にいると、それが夢であることを知らないのだ。（略）ところで、真の目覚めがあって初めてこの人生も大きな夢であると知るのである。しかしながら愚者たちは、自分は目覚めていると思いこみ、小賢《こざか》し気に知ったかぶりをして、あれは主君だ、これは下僕だ、などと区別する。どうにもならない頭の固さよ。


私たちは日々、人に対して「良い」「悪い」という評価をします。

しかし、一見悪いとされることも、状況が変われば良いと評価されることもあります。

また、自分自身のものの見方が曇っているだけという可能性もあるでしょう。

人間の行動は多面的・複層的なので、その複雑さにも目を向ける必要があります。

池波正太郎の小説『鬼平犯科帳』の中には、**「人は、悪いことをしながら善いことをしている」**という言葉が出てきます。

江戸時代を舞台とした捕物帳ですが、多くの犯罪の裏には憎めないドラマがあります。盗みを働いていた人が、家族を養うために泣く泣く犯罪に手を染めていたり、弱者に施《ほどこ》しをする人格者として世間から崇《あが》められていた長者が、実は盗みによって財を成していたり……。

善悪という概念では単純に切り分けられない人間の奥深さを描いた小説ですが、そこに人を理解する上でのリアリティを見ることができます。

馬場さんも悪い面ばかりにスポットが当たっていますが、目標必達の姿勢や技術を学んで営業する姿勢など、若手がお手本とすべき点があります。

それらの「良いこと」には目を向けずに、「馬場さんは悪い」と一方的に決めつけてしまうことには少々注意が必要です。

善悪は「紙一重」のところで入れ替わる

同じく荘子から、善悪の違いについて考察した一節を紹介します。

第 3 章

問題社員をどう**評価する**か

夷《たい》らなる道は纇《かたよ》れるがごとく、上徳《じょうとく》は谷のごとく、大白《たいはく》は辱《けが》れたるがごとく、広徳《こうとく》は足らざるがごとく、建徳《けんとく》は偸《うす》きがごとく、質真《しっしん》は渝《かわ》るがごとく、大方《たいほう》は隅《ぐう》無し、と。『荘子』

（本当に）平坦な道はデコボコして見える。最上の徳は低い谷のように見える。もっとも潔白な色は薄汚れているように見える。ほんとうに広大な徳を持つ人はどこか足りないように見え、確固として打ち立てられた徳を持つ人は軽薄に見え、質朴で真実のある人は無節操に見え、無限に大きな正方形には角がない。

このように、物事が一見して得られる印象とは逆の特性を持っていることはしばしばあり、そこにはそれなりの理由があります。

たとえばパッと見が怖い人ほど、実は内面はすごく優しい人だということがあります。優しいからこそ優しくすることの功罪をよく心得ていて、優しさを安易に表には出さない。あるいは優しさゆえに失敗した経験があり、逆の態度をとるようになった、ということもよくあります。

私はよく、**怒りの裏には悲しみがある**という表現を用います。

激しい怒りを表出している人の心の中には大抵悲しみがあります。その感情は失望や孤独から生まれます。そして、人の態度を頑なな方向にコントロールするのです。

また、善悪は表裏一体であり、常に紙一重のところで入れ替わるものでもあります。映画「スター・ウォーズ」シリーズは、正義の戦士ジェダイとシスの暗黒卿との争いを描いた物語ですが、その中でも善と悪が入れ替わる様子が描かれています。

主人公のアナキンは正義に燃える青年ですが、それに対して暗黒卿は彼をシス側に引き込もうと説得します。

「シスとジェダイはあらゆる面においてほとんど同じだ」

「善とはものの見方に過ぎない」

このように言を弄《ろう》して、アナキンは本来正義だと思っていたジェダイこそが実は悪ではないかと信じ込まされていきます。アナキンのこうした心の弱さを見抜いて、師ヨーダが指摘するシーンもあります。

「恐れはダーク・サイドに通じる道だ。恐れは怒りを呼ぶ。怒りは憎しみを呼ぶ。憎しみは苦しみを呼ぶ。そなたの中には恐れがある」

これはまさに善悪の境界線にあるものを表していると言えないでしょうか。

馬場さんも基本的には仕事に熱心な社員です。たまたま何かのきっかけで怒りを表出する社員になっているのかもしれません。

だとすると、それはどんな感情なのでしょうか。

悲しさ、寂しさ、孤独……。

この数十年の間に彼に何があったのでしょうか。

そんなことに思いをはせることが、本当の意味で馬場さんを理解することであり、馬場さんに対して何かを働きかけるときに役立つのです。

東洋思想実践のコツ❶ 異なる2つの目で相手を見る

ここまで荀子あるいは荘子の言葉を引用しながら、物事を多面的に見ることの重要性について考えてきました。ここからは実践の方法について考えを深めていきます。

最初は「2つの異なる目で相手を見る」という方法です。

以前ツイッターで、あるスポーツ選手のツイートが話題になりました。

「オリンピック選手になれるかどうかは、99パーセントは遺伝で決まる。努力すればきっとできるようになるから頑張ろう、は正しくない」

彼はこんな趣旨のことを述べました。

みなさんはこの意見をどう思われるでしょうか?

このツイートに対してネットでは多くの反論が集まりました。

「努力の大切さを否定するな」「夢を持って頑張っている若者に失礼だ」といった意見です。けれども一方で、「冷静に見ればそれが真実」という意見も少なからずありました。

この議論には2つの異なる視点がぶつかっています。

それは、**論理的な正しさ**と**倫理的な正しさ**です。

アスリートとして成功するには「遺伝的要素」が重要であることは、科学的、統計的に見れば極めて正しいと言えるでしょう。

一方で、「努力すれば誰でも少しずつ上達する。そしてその中には夢を叶える人もきっといる」という考えも、道徳的に決して間違ってはいません。

この2つの考え方は、見ている部分が違うだけでいずれも正しいのです。

どちらの考えが正しいのかという議論をすること自体が間違っているのですが、こうしたレイヤーの異なる議論をしてしまいがちなのが、私たち人間です。

経営の仕事においても、「論理的な正しさ」と「倫理的な正しさ」の両方の目で人を見る必要があります。私はこれを**ドライな目**と**温かい目**と表現しています。

温かい目を持てば、「一人ひとりには可能性があり、必ず成長する」という信念をもって人材育成にあたることができます。

一方で、組織は目標達成を目指さなければいけません。

ドライな目で見たときに、「この人の今のやり方で目標は達成できない」と思えば、厳しくフィードバックをしたり配置転換を促したり、場合によっては会社を去ってもらうことが正しいこともあります。こうした2つのアプローチを同時に使って人に向き合うのが、経営や人事のリアリティなのです。

温かく接しながら厳しく向き合う

当たり前のことを言っているように聞こえるかもしれませんが、私たちは物事の片側だけを見て判断してしまうことが少なくないのです。

なぜなら、その方が楽だからでしょう。

「一人ひとりに良いところがある。みんな素晴らしい」というナイーブな愛情で包み込んでしまうリーダー。

「できないものは去れ」とシンプルな論理で結論を出してしまうリーダー。

こうしたリーダーに対しては、私は「逃げ」のような姿勢を感じます。

矛盾を自分の中に受け入れることから逃げているのではないでしょうか。


芸術評論家の亀井勝一郎氏が残した言葉に「割り切りとは、魂の弱さである」という言葉があります。

人に優しくするだけ、厳しくするだけなら誰でもできます。

しかし、より難しく、しかし価値があるのは、**人に温かく接しながら厳しくすること**でしょう。世の中でこのことが実践できている経営者や人事担当者はひと握りだと、多くの企業と関わってみて思います。

「私はできない人には厳しく接し、できる人には相応の報酬を払って高く評価している」というリーダーもいるでしょう。ですが、「高い評価を与えること」と「愛情を注ぐこと」はイコールではありません。「禄を与えて信愛しないのは、動物を飼っていることと同じだ」という孟子の言葉もあります。

高い評価を与えるときに、それにふさわしい態度や表情で接し、言葉をかけているでしょうか。そうした〝心理的な報酬〟もなく金銭だけを与えても、それはまだドライな目だけで相手を見ているにすぎません。

では、馬場さんに2つの目を向けてみましょう。

ドライな目は、伊藤さんが「課長として」持つべき目線です。一方で温かい目は、「人として」伊藤さんが馬場さんに抱いている気持ちです。

【ドライな目】

・会社の方針に従っていない
・情報共有、部下育成といった職務を怠っている
・リーダーとしてチームの求心力を高めることができていない
・そもそも係長にふさわしくないのかもしれない

【温かい目】

・営業に対する情熱は素晴らしい
・技術を学ぶ姿勢は周囲の手本である

・若いときに面倒を見てもらって感謝をしている
・会社を去ってもらいたいわけではなく、何とか活躍してもらいたい

このように、相反する2つの視点で相手を見たときに何がわかるのか、自分の中で整理していきます。紙に書き出していくのもお勧めです。

この作業を通して、自分のものの見方が多面的になり、「あり方」が変容していきます。そして、この準備が次のステップである「フィードバック」につながっていくのです。

東洋思想実践のコツ2 正面からフィードバックをする

次の方法は「正面からフィードバックをする」です。

問題がある相手には必ずフィードバック（指摘）をしなくてはいけません。

フィードバックは日本人が最も苦手とするところですが、実は日本人だけでなく、東洋人全体の課題であることが『異文化理解力』（エリン・メイヤー著　田岡恵監訳　樋口武志訳　英治出版）で指摘されて話題になりました。

この本によれば、ネガティブフィードバックが最も苦手な国民は日本人とタイ人、イ

ンドネシア人だとされています。実際、私が仕事をしているタイでも、上司からのネガティブフィードバックが行われず、多くの会社が苦労しています。

東洋人のフィードバックの苦手さは儒教文化が関係していると、私は考えています。「仁（思いやりを持つ）」、「礼（相手を敬う）」、「孝（父母や親族を大切にする）」といった儒教の美徳が、ビジネスの場面では「相手に自分の気持ちを直接伝えない」という弱点として表れているのではないでしょうか。

逆に、欧米諸国にはフィードバックという文化が深く根付いています。

私の子どもはタイのインターナショナルスクールで学んでいましたが、小学1年生からプレゼンテーションの授業があり、「Good（良い）」と「More（もっとできる）」でフィードバックを送り合うのが授業の基本スタイルでした。

欧米圏はローコンテキスト（言葉で考えを表現する）カルチャーなので、あいまいな態度で相手に思いを伝えるのではなく、はっきりと言葉にするという習慣が教育にも根づいています。

フィードバックは、洋の東西にかかわらず必須であると私は考えています。

なぜなら、それは**現実を伝える行為**だからです。

フィードバックは鏡のようなもので、「今の自分」を知るための手段となります。現在の体重を知らないとダイエットを始められないように、現在の自分の正しい姿を知らないと、目標に向かって進んでいくことができないわけです。

フィードバックに関するスキルはたくさんあります。

相手に対してどのように伝えれば効果的でしょうか。

まずは**本音で話す**こと。つまり自分の思っていることと言葉を一致させるということです。「本音で話す」というのは、当たり前のようで意外と簡単ではありません。

孟子もこんな言葉を残しています。

眸子《ぼうし》は其の悪を掩《おお》うこと能《あた》わず。胸中《きょうちゅう》正しければ、則《すなわ》ち眸子瞭《あきら》かなり。胸中正しからざれば、則ち眸子眊《くら》し。『孟子』

瞳《ひとみ》は心の悪を覆い隠すことができない。胸の中が正しければ瞳は明るく澄んでいるが、胸の中が正しくないと、瞳は暗く曇ってしまう。

つまりどれだけ取り繕っても、心の底から言っているかどうかは相手に伝わってしまう。だからこそ、自分が相手をどう思っているのかを2つの目（ドライな目と温かい目）でよく整理しておくことが大切なのです。

2つの目で整理するというのは、「良い点と悪い点を伝える」というより、もう少し深いレベルにあります。

良い点を伝えても、心の底から相手を敬う心や愛情がないと無味乾燥な言葉になってしまいます。きっと「瞳」にも表れてしまうでしょう。

形式的なGood／Badの羅列に終わらず、そこに愛情がこもるように言葉を反芻《はんすう》することが必要です。

ポイントは、**相手の良い状態をイメージする**ことです。

過去に見たその人の良い行動のシーンを想像します。そうすれば、相手に伝えたいことが「要望」から「期待」に転換されていきます。

つまり、「ここが良くないから直してほしい」と注文を付けるようなメッセージを、「こうなれば、あなたはもっと素晴らしいのに」という温かみのあるメッセージに発展させるのです。

最終的に、「こういう良い行動を増やして一緒に良いチームをつくっていきたい」という未来への希望を込めた言い方ができると、相手にポジティブに聞こえるフィードバックになるでしょう。

リスクをとらないフィードバックに意味はない

もうひとつのポイントは**自分も傷つくことを厭《いと》わない**という姿勢です。

フィードバックに消極的になるのは、反撃されるのが怖いからです。

「じゃあ、お前はどうなんだ！」と言われたらどうすればいいのか？　その恐怖が人をフィードバックという行為から遠ざけてしまいます。

しかし、完璧な人間はいません。

自分にも至らない点があるのを承知で、「傷ついても構わない」と相手に向かっていく覚悟がフィードバックなのです。

前出の河合隼雄先生は、カウンセラーがクライアントにアドバイスする際の心得として**「100パーセント正しい忠告は役に立たない」**という言葉を残しています。

つまり、客観的な立場から正論や教科書的なアドバイスを振りかざすだけでは意味がないということです。

「己をかけることもなく、責任をとる気もなく、100パーセント正しいことを言うだけで人の役に立とうとするのは虫が良すぎる」

河合先生はこのように述べています。

これはフィードバックに臨む者の姿勢として、とても参考になる言葉です。

と同時に、耳が痛い言葉かもしれません。

人に苦言を呈するのは勇気がいります。

自分自身も返り血を浴び、深く傷つく可能性もあるでしょう。そんなリスクを覚悟してでも「それでも私はあなたにこれを伝えたい」と言えるかどうかです。

避けるべきは、「○○さんがこう言っていた」「みんなが不満に思っていますよ」といった、第三者を主語にしたような言い方です。

リスクをとって自分の口で伝えないフィードバックほど相手の心に響かないものはありません。

「会社としては……」というように、組織を笠に着たフィードバックもあまりお勧めしません。リスクヘッジをしているように見られるからです。

管理職として会社の立場を代表して発言することが必要な場面もありますが、メッセージをまっすぐ相手の心に届けるためには、それが自分の言葉になっていなければならないのです。

最後に、**自分自身もフィードバックを求める**ことを忘れないでください。

孟子も「偉大な王ほど、耳の痛い言葉を尊重して受け入れた。人からの指摘を取り入れることは、つまり人と共に善をなすことだ」と言っています。

指摘を受け入れることは、人に従属することでもプライドを傷つけられることでもありません。ひとえに自分と周囲を良くするために必要なことなのです。

古代中国の時代から、優れたリーダーの素養にフィードバックを重視する姿勢が含まれているというのは、考えさせられる事実です。

その後のストーリー

（やはり馬場さんにはっきりと伝えなければ）

伊藤は馬場に対するフィードバックの必要性を再認識すると、伝えるべきことを紙に書き出して整理してみた。

馬場へのフィードバックが要望一辺倒にならないように、また恐れや不安を抱かせるようなものにならないように、「2つの目」で見ながら配慮し、準備をした。

そして、馬場との面談が始まった。

「馬場さん、私はあなたからたくさんのことを教わりました。そして、あなたはこの会社にまだまだ必要な人だと思っています。これからも力を貸していただきたい。でも、いや、だからこそ今から思っていることを正直に話します……」

馬場は表情をこわばらせながら伊藤を見た。

伊藤は部署全体の営業力を高めていきたい思いは同じであること、しかし馬場は係長としては物足りない点があることを率直に伝えた。

その上で、今以上に〝チーム〟で仕事をすることを意識してほしい、そして社内の新しい動きにも課の一員として連携してほしいと伝えた。

さらに、馬場の商品を理解する姿勢を高く評価しながら、その知識を共有するための勉強会の開催を依頼した。

そして最後に、課の運営に新たな形で関わってもらえないかと、落ち着いた口調で話した。

話し終わっても、馬場は口を開かない。

伊藤には沈黙が長く感じられた。

「……よくわかりました」

馬場の第一声は穏やかだった。

「今までこんなふうにはっきり言う人はいなかったな。私もね、今のままじゃいけないことはよくわかっています。正面から言ってくれて、むしろスッキリした気分です。勉強会については、私もこうしたらいいんじゃないかというアイデアがあるので、ちょっと聞いてもらっていいですか？」

伊藤は体全体を覆っていた膜のようなものがはがれていくように感じた。

勉強会について自分なりに考えたプランを話す馬場の表情は、どことなく晴れやかに見えた。

COLUMN

会社は家族かチームか？

会社はチームであり、家族ではない――こんなポリシーを掲げる会社があります。映画やドラマなど独自のコンテンツを配信しているネットフリックスです。同社はかつて「家族的な風土」を標榜していましたが、厳しい経営危機に直面し、「家族」という表現は企業という組織の比喩として不適切だという結論に至りました。代わりに、プロスポーツのチームのように、勝利に向けて団結する集団であるべきだと再定義したのです。

これは伝統的な日本企業の価値観とは、ある意味で対極的でしょう。かつて日本には、「大家族主義」を掲げる会社が多くありました。会社が従業員の生活の面倒を見て、社員旅行や運動会で親睦を深める。こうした慣習は時代と共に少しずつ減ってきましたが、今もなお「社員は家族」という価値観を根底に持つ日本企業は少なくありません。

こうした価値観は儒教と関係しています。

年長者を大切にする「孝」や、愛情を持って人と接する「仁」などがベースとなり、日本の基本的な社会規範になってきた歴史があります。

一見すると時代遅れの価値観であり、ビジネスの組織にはふさわしくないという向きもありますが、本当にそうでしょうか。


私は会社という組織を「チームか家族か」という二択で考えることを否定する立場をとっています。

仕事の成果に対する評価はプロフェッショナルなものでなくてはいけません。

しかし、同時に従業員同士が家族的な愛情を持つことは決して悪いことではないと思っています。つまり、この2つは白か黒かの二者択一ではなく、「同時に存在しうる」ものだと思うのです。


ネットフリックスも指摘するように、家族的な愛情を理由に評価が甘くなることは避けなければいけません。だからといって、関係性を希薄にしていいわけでもない。「会社は家族ではない」という言葉を「それなら職場では仕事の会話だけすればよい」

と表層的に捉えて、基本的な信頼関係の構築を疎《おろそ》かにしてはいけないと私は思います。最近では、日本企業においても、プライベート優先を理由に社員同士の親睦が極端に減ってしまったと嘆く声が聞かれます。新人研修後の上層部との懇親会を任意参加にしたら、新人が誰も参加しなかったというケースもあるそうです。個人の自由を尊重することは大事ですが、それを理由に何もかも拒否してＯＫというのは考えものでしょう。

もっとも、若手がこうした拒否反応を示す背景には、これまで日本の伝統的な大家族主義が強すぎた面もあると思います。社内行事への参加を頻繁に強要したり、お酒を飲めない人にお酒を飲ませたり。そういった〝いきすぎた面〟があったことも否めません。「羹《あつもの》に懲りてなますを吹く」ではありませんが、ともすると過去の慣習を全否定して真逆の方向に振れがちなのもまた、日本の社会の特徴です。

個人的な信頼に支えられた団結力とチームワークは、日本企業の競争優位性の根幹です。二者択一で捉えるのではなく、そこに明確なミッション定義と評価を加えて、「家族的な愛情で結ばれたプロフェッショナルチーム」という同時実現を目指すべきではないでしょうか。

第
4
章

別れをどう受け止めるか

時に安んじて順に処らば、
哀楽も入る能わざるなり。
『荘子』

時のめぐり合わせを受け入れて
運命に従うならば、
哀しみも楽しみも
心に入りこむことがない。

営業課に走った激震

伊藤が率いる営業課は順調に売り上げを伸ばしていた。第1グループの木下、第2グループの橋本、第3グループの馬場はそれぞれの課題を克服し、組織も安定している。伊藤は自分がこれまで進めてきた組織運営に手応えを感じ、営業課の次のビジョンを描き始めていた。

伊藤は新規事業に取り組むべきだと考えていた。

機械メーカーとしての既存事業は、このところ中国系メーカーとの価格競争にさらされているため、急拡大は見込めない。ならば、ITを駆使した付加価値で勝負する事業にチャレンジするべきだろう。すでに役員とも議論を重ねており、新しいプロジェクトを軌道に乗せれば、自身のキャリアにも大きなプラスとなる。

幸い営業課の係長たちは十分に育ってきており、とくに木下、橋本のどちらかに、そろそろ自分の後任として課長を任せてもいいだろうと思っていた。

そんな青写真が見え始めていたとき、伊藤は木下と橋本から呼び止められた。

（2人から同時に話しかけられるなんて珍しいな）

そう思いながら会議室に入ると、木下が神妙な面持ちで切り出した。

「よくよく考えた末での結論なんですが……。実は会社を辞めようと思っているんです。2人で起業しようかと思っておりまして。びっくりさせてすみません」

伊藤は一瞬、時間が止まったような感覚になり、しばらく言葉を失った。

「そうか……。どういうことか、もう少し詳しく教えてくれないかな」

木下は続けた。

「実はこのことは3年くらい前から考えていました。大学時代の同期でIT企業に勤めている友だちがいるんですよ。そいつと話していたときに、製造現場のDXビジネスに可能性があるんじゃないかって話で盛り上がりまして。途中から橋本も加わっていろいろとプランを詰めてきたんです。で、やるなら今しかないんじゃないかって。もちろん、お世話になった伊藤さんにはご迷惑をかけないようにします。半年くらいかけて後任の採用や育成を全力でやってから退職させていただけないでしょうか」

「そういうことだったのか……。実は、オレも社内で新規事業について役員と話し合っていたところなんだ。だったら社内プロジェクトとして一緒にやらないか？　そのアイデアだったら、承認をとれば社内でもできるかもしれないじゃないか！」

興奮気味の伊藤と比べて、木下のテンションは低かった。

「それも考えました。でも、僕らも30代半ばです。まわりで独立や起業に挑戦するヤツらも増えてきました。やるなら今しかないし、どうせなら外の厳しい環境で挑戦したいんです。わがままを言っているのは承知の上ですが、後悔したくないんですよ」

伊藤は木下たちの意志が固いことを理解した。

「わかった。いったん預かるから、また改めて話をさせてくれないか」


ショックに打ちのめされた伊藤はデスクに戻ったが、仕事がまったく手につかない。仕方なく早めに退社したが、そのまま帰宅する気になれず、ひとりで居酒屋に入った。ビールを飲んでいると、昼間の会話が自然と思い出されてきた。

（あの2人が抜けたら営業課はどうなるんだろう。戦力ダウンは間違いない。頼れるのは第3グループの馬場さんだけだ。でも、馬場さんでは課の柱にはならない。5年かけて組織をここまで育ててきたのに、また一からやり直しじゃないか）

伊藤は絶望的な気持ちになった。と同時に木下と橋本に対する怒りが湧いてきた。

「だいたい3年も前からそんなことを考えていたのなら、もっと早く言ってくれてもいいじゃないか。アイツらだって課内の状況はわかってるだろう。そういうことならアイツらを課長の後任には考えなかった。こっちの立場も考えてくれよ！」

怒りに任せて酒を飲んだ後、今度はふと寂しさが伊藤を襲った。

（オレはアイツらがうらやましいのかもな。製造業DXのスタートアップ。楽しそうじゃないか。あの2人ならきっと成功するだろう。アイツらは新しい世界でひと花咲かせて、オレは今までと同じことをやり続けるのか。随分と不公平じゃないか）

伊藤はさらに追加の酒を注文した。

そもそも、彼らの部下はこのことを知っているのだろうか？　木下と橋本を慕うメンバーは少なくなかった。彼らの話を聞いてあとを追う若手がいるかもしれない。

（もう、そういう話をしていても不思議じゃないな。今いるメンバーがまとめて抜けてしまったら、うちの課はガタガタになってしまう）

伊藤はどんどん不安になっていった。考えても打開策は出てこない。

本章のテーマは「別れ」です。

冒頭のストーリーでは、伊藤さんをショッキングな出来事が襲いました。

主力メンバーの離脱によって、何年もかけて築き上げてきたものを失ってしまったような喪失感を伊藤さんは味わいます。

会社ですから、社員の退職はつきものです。ですが、リーダーの立場になると、自分の部下が辞めていくのは受け入れがたいものです。とくに今回のケースのように、目をかけて育ててきた部下が去っていくとき、その精神的ダメージは決して小さくありません。

終わりと始まりは一体である

別れを乗り越えるポイントとしてお伝えしたいのは、**捉え方を変えれば別れの意味が変わる**ということです。

別れに対する認識が変われば負の感情からの脱却も早くなりますし、取り得る行動も変わっていくでしょう。この捉え方のヒントとして、前章に引き続き、道教の思想家、老子と荘子によって確立された「老荘思想」の考え方を参照します。

老荘思想は〝道〟というコンセプトを中心に据えています。

「道」とは「物事を支配する根本的な原理」を指します。

私たちは日々さまざまな出来事に出合い、それらに一喜一憂しながら生きています。しかし、出来事に意味を与えているのは人間の方であり、出来事そのものには良いも悪いもありません。ただそこには目に見えない自然の道理や運命の導きがあるだけです。人間が出来事を区別するからこそ、苦しみが生まれるのではないか。

老荘思想はこのような考え方を説いています。


たとえば『荘子』の中に、彼の妻が亡くなったときのエピソードが紹介されています。

友人が弔問《ちょうもん》に訪れると、荘子は喪に服する様子が一切なく、盆を叩いて歌っています。

驚いた友人は、「長年連れ添った妻だろう。悲しむどころか歌を歌っているなんて、あまりに不謹慎じゃないか」と諭《さと》します。それに対して荘子はこう答えました。

「妻が死んだ直後は私だって胸が張り裂けるような思いだった。しかし、気を取り直して命の始まりというものを考えてみると、元々生命はなかったものだ。

いや、生命がなかっただけではない。元々身体もこの世には存在しなかった。何もないところに変化が起き、そこに生命が生まれた。今また、それが元に戻っただけだ。

これは季節の巡りと同じで、ただ繰り返しているだけのこと。妻は今、宇宙という巨大な部屋の中でスヤスヤと眠ろうとしているだけなんだよ」

荘子は人の死に際して「命の始まり」を考え、生死を四季の循環にたとえることで嘆き悲しむ必要はないと説きました。

やや宗教的に聞こえるかもしれませんが、このように「終わりと始まりは一体である」という考え方は、私たちに新たな視点を与えてくれます。

荘子はこれを「方生《ほうせい》の説」と呼んでいます。「方《なら》び、生《しょう》ず」と読み、ひとつのことが起きるとき、別のことが同時に発生しているという考え方です。

大切な人の死は残された人に悲しみをもたらしますが、それは新たな人生の始まりでもあります。人と人との別れも同じこと。別れから生まれる新たな出会いもあります。

人が去ることで始まるものもある

実際、社員の退職は会社にたくさんの「新たなこと」をもたらします。

主要メンバーが抜けることで、次世代に機会を与えることができます。

また、危機意識をメンバーと共有できれば、空いた穴をリカバリーしようという部下の主体性を引き出すことにもつながります。後任として採用した社員が新しい知恵を社内に持ち込んでくれることもあるでしょう。そう考えると、**別れはたくさんの始まりをもたらす出来事**であり、決して悲しいことばかりでもありません。

また、別れは人を一回り大きくします。たとえば親との別れは、人生の中でも最も悲しい別れのひとつです。しかし、死別をきっかけに親が自分にしてくれたことを再認識すると、感謝の心が芽生えてきます。また、親と過ごした時間、過ごせなかった時間を思い返すなかで、残りの人生をより前向きに生きようという意欲が湧いてくることもあるでしょう。死は、その瞬間は悲しくても、さらにプラスの価値を私たちに与えてくれるのです。

今の自分は過去の自分の理想像

荘子はこうした多面的な見方の重要性を「胡蝶の夢」という寓話を用いて説きました。

昔者《むかし》荘周《そうしゅう》夢《ゆめ》に胡蝶《こちょう》と為《な》る。栩栩然《くくぜん》として胡蝶なり。自《みずか》ら喩《たの》しみて志《こころざし》に適《かな》えるかな。

周《しゅう》たるを知《し》らざるなり。俄然《がぜん》として覚《さ》むれば、則《すなわ》ち蘧蘧《きょきょ》然として周《しゅう》なり。知《し》らず、周《しゅう》の夢《ゆめ》に胡蝶《こちょう》と為《な》れるか、胡蝶《こちょう》の夢《ゆめ》に周《しゅう》と為《な》れるかを。『荘子』

昔、荘周は夢で蝶《ちょう》になった。ヒラヒラと飛んでいて蝶そのものであった。とても楽しく、満足した気分だった。そのときは、自分が荘周であることにすら気づかなかった。突然目が覚めると、ハッと我に返って自分は紛れもなく荘周であった。果たしてそれは荘周の夢で蝶になったのか、蝶の夢で荘周になったのか、わからない。

「夢と現実の間には境界がない」と説くこの話は、なかなか哲学的です。現代に生きる私たちにとって、この話は「現実」との向き合い方を教えてくれます。

私たちはよく「理想と現実」という言葉を使います。この言葉には「理想→追求すべき未来」「現実→まだ不完全な状態」というニュアンスがあります。しかし、今、自分が立っている地点は、**かつての自分にとっての理想の場所**だったのではないでしょうか。

現状を否定するのではなく、現時点で自分は過去の理想を達成している、と目の前の事実を肯定する思考を持たなければ、私たちはいつまでも幸福にはなれません。

ストーリーの中で、伊藤さんは絶望してどん底に落ちたような衝撃を受けました。

第 4 章

別れをどう**受け止める**か

しかし、2人の部下の退職は、営業課の係長一人ひとりに目をかけ、組織を育ててきたからこそ起きた出来事だと見ることもできます。

育ててきた部下が成長して、自分の夢に挑戦する実力を備え、巣立っていく。

そして、彼らが育てた次世代のメンバーがそのあとを継いでいく。

これは、ある意味で理想的な状態とも言えるのではないでしょうか。

現実に埋没しすぎるのではなく、異なる視点から多面的に物事を見る。そうすることで現実の見え方が変わり、また「目の前にある幸せ」を味わえるようになるのです。

負の感情とどう向き合うか

もっとも、伊藤さんからすれば、簡単に気持ちを鎮《しず》めることは難しいでしょう。

怒り、寂しさ、悲しみ……次々に襲ってくる「負の感情」と、私たちはどう向き合えばいいのでしょうか。

『老子』には、自分の内面と向き合うことの重要さを説いたこんな言葉があります。


人を知る者は智《ち》なり、自ら知る者は明《めい》なり。人に勝つ者は力有り、自らに勝つ者は強し。『老子』

他人をよく知る者は知恵ある人である。自分の心の中を理解している者は賢明な人である。相手に勝てる人には力があるが、自分自身に勝つことこそが真の「強さ」である。


「明」という言葉の解釈は難しいのですが、「内面的な洞察・内省」と捉えることができるでしょう。自分の内面と向き合える人物こそが、知識を持っている人をしのいで、本当に強い人間なのだと老子は言いました。

瞬間的に腹が立ってイライラしてしまうことは誰にでもあります。

しかし、一時の感情に流されて直情的な行動をとったり、いつまでも負の感情を引きずって行動が後ろ向きになったりするのは「明」ではありません。

ストーリーの中で伊藤さんは感情的な反応をしませんでしたが、世の中にはショックな話を聞かされると、声を荒げてしまう人もいます。

また、感情が無意識のうちに表情や態度、声色などに表れる人もいるでしょう。

さらに、過ぎたことにいつまでも拘泥《こうでい》したり、長期間落ち込んだりするのも、指導者の態度としては疑問符がつく行為です。過去の出来事は過去に置いたまま、スパッと気持ちを切り替えることこそが、リーダーに求められる能力なのではないでしょうか。

過去に心を置いてきていないか

感情の切り替えについては、禅宗にこんな逸話があります。

あるとき、修行中の2人の禅僧が旅をしていました。

2人が大きな川にさしかかると、川を渡れずに困っている女の人がいました。助けてあげたいところですが、僧侶は戒律で女性にふれることができません。

ところが、ひとりの僧侶が女の人をヒョイと抱きかかえて川を渡りました。

もうひとりはそれを唖然《あぜん》とした表情で見ていました。

女の人はお礼を言って去っていきました。

2人は旅を続けましたが、もうひとりの僧侶はその件が気になって、忘れることができません。修行中に女性にふれることなど、あってはならないことです。

彼の行動は間違っているのではないか――。

第 4 章

別れをどう**受け止める**か

怒りにも似た思いがこみあげ、僧侶はずっとそのことばかり考えて旅を続けます。

ある夜、ついに彼は我慢できずにその思いを打ち明けました。

あなたは修行の道に反したのではないですか、と。

すると、もうひとりの僧侶は言いました。

「お前はまだあの女性を背負っているのか。私は川を渡った場所に下ろしてきたのに」

「過去」の一点に執着して、ずっとそこに心を置き去りにした僧侶と、そんなことはきれいに忘れて「今」に集中している僧侶。

このエピソードは、自分の心のあり方を整えることの大切さを教えてくれます。

マイナスの感情は早めに捨てる

私たちは知らないうちにひとつの考えに支配されていることがあります。

そして、それはしばしば無自覚に行われます。集中しているつもりでも、気がついたらまったく別のことを考えていた……。そんな経験は誰にでもあるでしょう。

心の中を支配しているものは、現在抱えている不安だったり、過去から引きずっている怒りだったりするかもしれません。

自分自身をコントロールするのは意外と難しいものです。しかし、「自分を知る」とは、そうした無意識に流されず、**「現在の自分」に自覚的になる**ことです。

では、感情に流されないためには、どうすればいいのでしょうか？

これは「気づいたら抑える」を繰り返すしかありません。

イライラしている自分に気づいたら、フーッと深呼吸をして感情を抑える。

単純ですが、これを繰り返すことによって、少しずつ自分の感情を制御する力を養うことができます。

最近は座禅を組むリーダーが増えていますが、座禅は自分の感情に気づく力を鍛えるトレーニングになります。

座禅をすると、無心で座っているつもりでも、つい後ろ向きな感情や心配ごとが浮かんでくるものです。それを自覚するたびに「気づいたら抑える」を繰り返していく。

このような感情のコントロールは、リーダーに求められる終わりなき〝修行〟なのです。

東洋思想実践のコツ1 別れの意味を「自問」する

捉え方を変えれば別れの意味が変わる――。

これが本章のポイントでした。

ここでは捉え方を変えるための「問い」を用いて、別れにどんな意味があるのかを考えていきましょう。

私がお勧めしたい問いは次のようなものです。

①その人と最初に出会ったときの印象はどんなものだったか？

②その人が自分に与えてくれたものは何だったか？

③自分の人生においてその人と出会ったことに意味があるとしたら、それは何か？

④その人にこの先どんな人生を送ってほしいか？

いずれもやや大袈裟《おおげさ》な問いかもしれません。普段こんなことは考えないでしょうし、とくに相手にネガティブな感情を抱えているときほど、こんな考えは頭に浮かんでこないでしょう。

しかし、だからこそ、一つひとつを味わいながら問いに向き合ってみてほしいのです。

とくに①は非常に意味のある問いです。

傷つくほど別れがつらいのは、それだけ相手に強い思いを抱いていたということでしょう。たとえ自分のもとを去っていくことに怒りや憎しみを感じたとしても、最初の頃は相手にポジティブな気持ちを持っていたはずなのです。

その気持ちを、もう一度思い出してみてください。

それが今の自分自身の心を整えることにつながります。


もしかしたら、最初の出会いから、時と共に関係が変化したのかもしれません。

しかし、それは相手だけが変わったのではなく、自分自身も変化してきたはずです。

自分と相手のこれまでの関係を見つめ直すことで、「裏切られた」「なぜ、もっと早く言ってくれなかったんだ」と、相手を責める気持ちが徐々に薄らいでくるでしょう。

出会いの意味を問い直してみる

また、③の「その人と出会ったことの意味」について考えることも、相手との関係を肯定的に捉えるために有効です。

出会ったのは偶然かもしれませんが、そこに何かしらの「意味」を見つけるのです。『荘子』の中では、人籟《じんらい》・地籟《ちらい》・天籟《てんらい》という言葉が出てきます。「籟」とは〝音〟という意味です。

人籟とは、人が発する声や音楽のこと。地籟とは自然がつくり出すさまざまな物音。天籟は、いわば「天の声」です。

人間が声を発し、自然が物音を立てるのと同じように、天も何かしらの音を私たちに鳴らしている。私たちはそうした天の声を自覚せずに人生を送っているのかもしれません。だとすれば、あなたとその人物の出会いにはどんな天の導きがあったのでしょうか。

私自身もタイで多くの社員を雇用しましたが、そのうちの何人かはチームを去っていきました。なかには、両者の思惑がまったく異なっていて、もう少し慎重に採用をすればよかったと反省するケースもありました。

しかし、今思うと、そうした出来事も含めて、それぞれの人材から学んだことはたくさんあります。ひとりとして、出会わなければよかったという人はいません。

このように捉えると、「別れ」「退職」という事実が、「学び」「出会い」「感謝」「成長」

という違った意味を帯びて見えてきます。

東洋思想実践のコツ2 柔軟性で相手を味方にする

そもそも離職者は、会社にとって好ましくない存在なのでしょうか？

彼らは会社にマイナスの影響を与えるだけではありません。

その後の活躍によっては、プラスの影響をもたらしてくれることも多々あります。


成長企業の中には人の出入りが激しい企業がたくさんあります。

ビジネスの世界には「元P&G」「元Google」といった肩書の人があふれていますが、こうした人たちは会社を辞めてもなお、それぞれの得意分野で活躍し、会社のブランディングに貢献してくれていると言えます。

だとすれば、優秀な人が辞めていくことをポジティブに捉え、良好な関係を保った方が自分や会社にとってはプラスでしょう。

このように部下の退職を**「引き算」ではなく「足し算」で捉える**思考も重要です。

ここで重要になるのはあなた自身の柔軟性です。

「悔しいから相手を言い負かしてやろう」

「今まで与えた恩を少しは返してもらおう」

自分のプライドや欲望を満たすためにこのような狭量な接し方をすると、最終的には自分が損をします。

柔軟な姿勢は、『老子』の主要なメッセージのひとつである「曲《きょく》なれば全《まった》し」（曲がっている者こそ完全である）という言葉に集約されています。


曲《きょく》なれば則《すなわ》ち全《まった》く、枉《かが》まれば則ち直し。窪《くぼ》めば則ち盈《み》たし、敝《やぶ》るれば則ち新たなり。（略）自伐《じばつ》せざる故《ゆえ》に功有り。自矜《じきん》せざる故に長《ひさ》し。夫《そ》れ唯《た》だ争わず、故に天下能《よ》く之《これ》と争う莫《な》し。古《いにしえ》の謂《い》うところ、曲なれば則ち全しとは、豈《あ》に虚言《きょげん》ならんや。誠に全くして之に帰す。『老子』

曲がっている木は切られない。屈《かが》んでいれば前に伸びる力がたまる。窪みには水が満ちてくるし、古くなれば新しくもなるものだ。（略）自ら功績を誇らないからこそ結果を出せるし、自慢することがないから人より抜きん出ることができる。このように争わない姿勢でいれば、世界からむしろ争いはなくなる。古い諺《ことわざ》には「曲なれば則ち全し」とある。これは嘘ではない。私たちは曲がっているからこそ、完全な姿でいられるのだ。

自分の強さを過信しないからこそ人より秀《ひい》で、争わない姿勢でいるからこそ争いがなくなる。まさに「柔《じゅう》よく剛《ごう》を制《せい》す」です。

退職においては、基本的には「去る者は追わず」というスタンスをとることです。

加えて、本人も新しい環境でのチャレンジがうまくいくとは限らず、不安もあるでしょうから、最大限の支援をして送り出してあげましょう。

そうした柔軟な姿勢で接することで、今後もその人と良好な関係を維持していけるのです。決して、転職先との取引を持ちかけるなど、短期的な見返りを期待してはいけません。大きな心で構えて、利他の精神で行動することです。

会いたくない人にこそ会いに行く

最後に、部下が退職したあとの関係の持ち方についてもふれておきましょう。

どれだけ心を砕いたとしても、会社を去るときは双方にエネルギーを使いますし、ある意味で恋人と別れたあとのような虚しさがどうしても残るものです。

しかし、そのまま縁を切ってしまうのではなく、一定の時を経てお互いの傷が癒えたら、どこかのタイミングでもう一度会うことをお勧めします。

私はよく**「会いたくない人にこそ会いに行こう」**と言っています。一度気まずい関係になって会えなくなった人こそ、自分が前に進むためのカギを持っていることが多いからです。


仏教の考え方によれば、人は良かれ悪しかれ何かに執着しています。

過去の栄光やプライド、あるいは忘れたい失敗やコンプレックス……。

そういったものにとらわれていると、なかなか人生を前に進めることができません。

「会いたくない人」というのは、そうした自分の執着を生んだ出来事やタイミングに関係していることが多いものです。その人に会うと、これまで封印していた箱のフタが開き、見たくないものを見ることになってしまう。だから「見たくない」「会いたくない」という感情が芽生えるのではないでしょうか。

「自分のもとを去っていった部下と会うのは自尊心が許さない」という気持ちがあるか

もしれません。これは自分の自尊心を守りたいという心理作用でしょう。

こうした感情が、去っていった人に会うことにブレーキをかけるのです。

けれども、あえてもう一度会うことで、自分が守っていたものは実は大したものではなかったのだと気づくかもしれません。

また、時と共に自分自身も成長し、その執着を手放したり、受け入れたりできるようになっているかもしれません。

会いたくない人に会うのは、自分自身を成長させるために大切なことです。得てして相手も気まずい感情を持っていて、いわば「お見合い状態」になっていることも少なくありません。

だからこそ、**あなたからドアを開けて、その膠着状態を変えてほしい**のです。その勇気はあなただけでなく、相手の人生も豊かにするでしょう。

私たちは「大きなもの」に導かれています。

だとすれば、人との別れや再会は、きっと人生にとって何か意味があるはずだ。

そう考えて、相手との関係を長期的に大切にしていきたいものです。

その後のストーリー

ショックを受けていた伊藤だったが、次の日から徐々に落ち着きを取り戻し、木下と橋本の2人が抜けたあとの組織のことを考えられるようになった。

過去の資料をひっくり返して計画を立てているうちに、5年前のチームの人数は今の半分だったことにも気づいた。

「うちの課もこの5年で随分変わったんだな」

普段は立ち止まる暇もなかったが、改めてこれまでの歩みを振り返り、伊藤は自分がつくってきた部署を誇らしく思った。

そして、この5年間で木下と橋本の2人がどれだけ組織の成長に尽くしてくれていたかを再確認し、深い感謝の気持ちが芽生えた。

数日後、伊藤は会議室に2人を呼び出した。

「2人の気持ちはよくわかった。応援するよ。正直言うと、オレがやりたいくらいの魅力的なチャレンジなんだよな。君たちならうまくいくと思うから頑張ってくれよ。業界も近いし、もし何か手伝えることがあればいつでも声をかけてくれ。それまでにはオレもう少し偉くなっているんじゃないかな」

伊藤はそう言って笑った。

その言葉を聞いて、木下も橋本もホッとしたようだった。

「伊藤さんにそんなふうに言ってもらえるなんて、うれしいです。必ず恩返しできるように全力でがんばりますよ」

木下はそう言って、顔をほころばせた。

橋本が言葉をつなぐ。

「もしかしたら僕らが去ったあとのチームのことを心配されているかもしれませんが、主要メンバーには自分たちの思いをすでに話しました。みんな、営業課を盛り立てていこうって、やる気になってくれています。しっかり育成と引き継ぎをして、すぐに新しい係長が生まれるようにサポートしますよ。ま、何人かのメンバーは僕らよりも有望なんじゃないかって思っているんですけどね。ハハハ」

伊藤の中には営業課が新しく生まれ変わるような期待が生まれた。

COLUMN

日本人はなぜ卒業式で泣くのか？

卒業生が別れを惜しみ、抱き合って涙ぐむ――。

これは、日本の卒業式ではおなじみの光景です。

実は「卒業式で泣く」というのは、国際的にも珍しいのだそうです。

私が友人に聞いた限りでは、タイやインドネシア、台湾などアジアの一部ではあるようですが、欧米諸国ではあまり見られない傾向のようです。

とくにアメリカでは、映画などでも描かれるように、卒業式はどちらかというとみんなでハメを外して大騒ぎするのが一般的です。

なぜ、こんな違いが生まれるのでしょうか。

理由として、社会の特性の違いが挙げられるでしょう。

ドイツの社会学者テンニースは、社会は「ゲゼルシャフト（機能社会）」と「ゲマインシャフト（共同体社会）」の2つのタイプに分けられると主張しました。

「ゲゼルシャフト」とは、目的によって結ばれた社会です。

株式会社は大航海時代に冒険家が航海資金を集めるためにつくったしくみが起源ですが、このように共通の利益のためにつくられた集団がゲゼルシャフトです。

現在も、欧米社会の個人と会社の関係は厳格な「契約」によって成り立っています。

一方、「ゲマインシャフト」は人と人との〝つながり〟をベースにした社会です。

家族や地域社会のように、特別な目的がなくても一緒にいる集団がゲマインシャフトです。ゲマインとはドイツ語で「意味」という言葉で、一緒にいること自体が意味を持つのです。


島国のため、ほぼ同じ民族が長い時間をかけてゲマインシャフトな家族的社会を形成してきた日本では、所属する集団にも感情的なつながりを見出します。

学校の同級生も「苦楽を共にした仲間」であり、深い絆で結ばれた関係です。

だからこそ、仲間との別れは涙を誘うほどに悲しいのです。


では、ゲゼルシャフト社会ではどうでしょうか？

ゲゼルシャフト社会では、学校は「学ぶ」という目的を達成するための場です。

ですから、学業を修めたことを盛大に祝いますが、いたずらに感傷に浸ることなく、それぞれがまた元の場所に帰っていくのです。

この違いの背景には、日本社会の雇用流動性の低さも関係しているのでしょう。今の時代、もはや転職は珍しいことではなくなりましたが、それでも退職者を「裏切り者」のように捉える会社はまだありますし、「この会社を出て自分はやっていけるだろうか」と社外に出ることをためらう人もいます。

しかし、雇用流動性は企業の競争力を高めるためのキーとなる要素です。本章でふれたように、「別れ」は「新たな出会い」をもたらしますし、企業にとっても適切な新陳代謝を促します。私の感覚では、離職率が1～2%程度しかない会社は新しい価値や文化が入らないため、停滞しているような印象を受けます。

別れとは「成長」なのだという認識を持てれば、会社も個人もポジティブな気持ちで別れを捉えることができるのではないでしょうか。

第5章

どうすれば決断できるのか

万物は陰を負いて陽を抱き、
沖気を以て和を為す。
『老子』

すべてのものは陰を背負い、
陽を胸に抱いている。
2つのものは気によって調和している。

新規プロジェクトを覆う暗雲

2人のグループリーダーが抜け、営業課は新たな組織体制となった。

そこで伊藤は、以前から温めていた新規プロジェクトに挑戦したいと企画書を経営会議に提出し、検討の末に承認を得た。

新プロジェクトは生産管理コンサルティング事業である。

A社は機械メーカーだが、新事業では自社の生産管理ノウハウを定式化し、ITツールを含めたサービスとして販売することを目指す。

A社をとりまく環境は変化が早く、いずれ顧客ニーズが縮小していくのではないか。

(何か、新しいチャレンジが必要だ)

伊藤にはそんな危機感があった。

幸いA社の生産現場の能力は高く、取引先からの評価も高い。

だからこそ、そのノウハウをITと共に提供するビジネスなら競争優位性があると考えた。うまくいけば、グローバルな市場にも進出できるだろう。

（これは、会社の将来に向けて絶対にやるべき事業だ）
伊藤はそう確信し、強い意志で経営陣に進言したのだった。

ところが、プロジェクト開始から1年近くが経ち、伊藤は壁を感じ始めていた。ひとつはプロジェクトそのものに進捗の遅れが出始めたことが挙げられる。経営会議で承認されたプロジェクトの条件は、「現状の営業課長のミッションを有したままで行うこと」というものだった。結果として伊藤は二足のわらじを履くことになり、多忙を極めた。関係の深い取引先とトライアルを進めてきたが、事業としての可能性が検証されたとは言い難い状況が続いている。

そうこうしているうちに、営業課の数字が伸び悩むようになり、「いつまで儲からないプロジェクトをやってるんだ」という声が陰で囁《ささや》かれるようになっていた。

コアメンバーは営業課から募集した有志たちだった。さらに社内で募集をかけたところ、他部門からもやる気のあるメンバーの手が挙がった。
「会社の未来をつくる取り組みに参画したい」
「新たなチャレンジを通じて成長したい」

メンバーのそんな声に、伊藤はエネルギーを感じていた。

しかし、なかなか目立った結果が出ないことで社内の風向きが悪くなると、徐々にメンバーの表情も曇りがちになっていった。

「やっぱりうちはメーカーに専念した方がいいんですかね……」と、プロジェクトの意義そのものを疑い出すメンバーも出てきた。


そんななか、年間の予算会議に向けた打ち合わせで、営業部長とプロジェクトの今後の展開について話す機会があった。

「プロジェクト開始からそろそろ1年だな。二足のわらじを履きながらよくここまでやってくれた。伊藤くんの努力には感謝してるよ」

伊藤はねぎらいの言葉に恐縮しながらも、あわてて答えた。

「大した成果を出せず、すみません。来年は良い結果を出せるように尽力します」

営業部長は短くうなずきながら続けた。

「その件だけど、実は経営会議でもいろいろな意見が出てるんだ。本業の業績が芳しくないなかで、営業部の要《かなめ》である君の時間をどこまで割くべきなのかって声もある。

それからプロジェクトのメンバーだが、彼らも主体的に参加しているとはいえ全員各部門の中堅社員だ。メンバーをプロジェクトにとられることに懸念を示している部署もある。本業が儲かっているいる状況ならいいが、今年は足元の利益確保がギリギリだった。来週の予算会議ではプロジェクトの収支についてもやり玉に挙げられるだろう。そこでプロジェクトリーダーという立場から〝現実的なプラン〟を示してもらえないだろうか？」

「現実的なプランというと……どういうことですか？」

伊藤の背筋に冷たいものが走った。

「言いにくいことだが、プロジェクトの中止も含めた検討ということになる。応援はしたいが、他部門からそういう要請が出てもおかしくない状況なんだ。その場合、私も正当性を主張しきれる自信がない。営業部は今期数字が上がらなかったから、立場が弱いんだ。時期が悪かったということで、いったん休止して、まずは営業部の利益を上げることにフォーカスするというのはどうだろう？」

実質的なプロジェクト撤退の提案——。

営業部長の依頼に、伊藤はすぐに返答することができなかった。

本章のテーマは「決断」です。

未来を見据えて新たな取り組みを始めた伊藤さんですが、残念ながら壁にぶつかっているようです。

新しい取り組みには必ず周囲からの逆風があります。しかし、恐れずに強い意志を持って実行できるか――。そうした決断力は、リーダーに必要な素養のひとつでしょう。

日本企業はしばしば「決断」が苦手だと言われます。それは、「みんなで決める」合議制のカルチャーが根強いからです。大企業で見られる稟議書などはその典型でしょう。

合議で物事を決める場合、必要な情報をそろえてさまざまな面から論理的な検討を重ねます。そこでは客観性が重要になり、逆に個人の意志を押し通すことは難しくなります。それゆえ、リスクを伴う思い切った決断や、大半の人が反対するような創造的な意思決定は難しくなります。

客観的な検討を重ねることは失敗を減らすためには重要ですが、不確実な未来に向けて踏み込んだ決断をするのには向きません。

今回の伊藤さんが手がけるプロジェクトが会社にとって果たして正解なのか不正解なのかは、まだ誰にもわかりません。そんななかで伊藤さんが挑戦を推し進めるために必要なのは、**見えないなかでも強い意志を持って決断するリーダー**の姿勢です。

「見えないもの」に従うことができるか

強い決意で意思決定をするには、「根拠のない直感を信じる」ことが必要になります。老子は「目に見えないものに従うこと」の大切さをこんな言葉で説明しています。

孔徳《こうとく》の容《よう》は、惟《た》だ道に是《こ》れ従う。道の物たる、惟《こ》れ恍《こう》惟れ惚《こつ》。恍たり惚たり、其の中に物《もの》有り。惚たり恍たり、其の中に象《しょう》有り。窈《よう》たり冥《めい》たり、其の中に精《せい》有り。其の精甚《はなは》だ真《しん》、其の中に信《しん》有り。『老子』

大きな徳を持った人は、ただ「道」に従うばかりだ。「道」というのはおぼろげで、奥深く捉えどころがない。おぼろげで奥深いが、その中に何かが存在しているのはわかる。奥深く暗くて捉えどころがないが、何か精気がある。その精気は真実で、その中に偽りのないものがある。

「道」とは「物事を支配する根本的な原理」であると前章で紹介しました。私たちの目の前の出来事の背後にある、「運命」のようなものだと言えるかもしれません。

何か運命を感じたら、そこにはきっと「偽りのないもの」があるから、身を任せるべきだと老子は言います。

スティーブ・ジョブズは仏教（禅）に傾倒していたことで知られていますが、彼は「カルマを信じることが大切だ」とスピーチの中で述べました。

「カルマ」とは自分の行為があとになって返ってくる、いわゆる「因果応報」の考え方です。

彼が残した「コネクティング・ザ・ドット（点と点をつなげる）」というメッセージは、**目の前の物事に運命的な意味づけがあると信じる**という、とても東洋的な考えです。

このような大きなものの導きを信じる姿勢は、不確実な状況における心の支えとなるのではないでしょうか。

自分の心の声に耳を傾ける

一見根拠がなくても、「直感」に従うことは科学的にも一定の正しさがあると私は考えます。

棋士の羽生善治さんは、「直感」の正体についてこのようなことを述べています。

「たとえばひとつの局面で、『この手しかない』とひらめくときがある。一〇〇%の確信をもって最善手が分かる。論理的な思考が直感へと昇華された瞬間だ」

「つまり、直感とは、論理的な思考が瞬時に行われるようなものだ」

(『直感力』PHP新書)

直感というと非科学的なものに聞こえますが、羽生さんの説明によるとそうではありません。経験の蓄積により学習された、高度に論理的な結論なのです。

私たちも真剣に仕事をして経験を積むと、「これは何となくおかしい」という違和感を覚えるようになります。そして、そういう違和感はだいたい正しかったりします。

また、「もっとこうすればうまくいくのに」という問題意識も生まれます。

これは経験値が上がり、状況判断の精度が高くなった結果と言えるでしょう。

伊藤さんも、まだ実績のない事業にもかかわらず、「これは絶対に自分たちがやるべき事業だ」と確信します。彼のビジネスパーソンとしての経験値がインスピレーションを与えているのです。こうした直感に気づいたら、その感覚をしっかり認識することが大切です。

一方で、私たちは常に直感を信じることができるかというと、必ずしもそうではありません。「そうは言っても実行は難しいだろうな」と、すぐに自分の中で否定してしまうことがあります。

これを人間の**一次感情**と**二次感情**と言います。

一次感情は、いわば自分の本音であり、直感的に「こうしたい」という思いです。

一方、二次感情は教育や経験によって身についた常識的な感情、いわば建前です。「こうした方が安全だろう」「反対されない方を選ぼう」という気持ちです。

私たちはこの2つの感情のバランスを取りながら生きています。

とくに大人になると、二次感情を中心に判断することが多くなるでしょう。

しかし、二次感情だけで生きていると、次第に自分の一次感情が何なのかわからなくなってしまいます。そして、自分の直感を無視したり抑え込んだりするクセがついてしまい、直感が働きにくくなってしまうのです。

一次感情が二次感情を越えたとき、つまり自分のインスピレーションに従ったときに人は大きなエネルギーを感じます。

どんな仕事でも、大きなことを成し遂げるためにはそうしたエネルギーが必要です。だから、自分の心の声に簡単にフタをせず、耳を傾けていただきたいのです。それが新たな壁に立ち向かう勇気と物事を成し遂げる原動力となるのです。

矛盾を乗り越えて決断することの難しさ

伊藤さんの挑戦は、「既存事業と新規事業の利益相反」という矛盾に直面しています。こうした矛盾にどう向き合うかが、決断において重要なポイントになります。

白黒がはっきりしている決断は難しくありません。**白黒つけられない状況だからこそ、決断力が問われる**のです。

伊藤さんが直面している問題は、現在の日本企業の状況を象徴していると言えるかもしれません。

昨今、「両利きの経営」の必要性が叫ばれていますが、既存事業の深耕と新規事業の探索の両方を成功させることは簡単ではありません。それは両者が矛盾をはらんでいるからです。

『両利きの経営―二兎を追う戦略が未来を切り拓く』（入山章栄監訳　渡部典子訳　東洋経済新報社）を著したチャールズ・A・オライリーは、既存事業と新規事業を同時に実現させる難しさについて、こう述べています。

「ある戦略で成功した調整は、別の戦略には有害になることもある。そして、ここに障害が存在する――成熟した組織の成功に寄与した調整が、新興事業にとって命取りとなりかねないのだ。同じように、新興事業にとって効果的な調整を用いると、成熟事業が非効率的になったりする」

つまり、伝統的な事業と新しい事業、この双方を動かすとき、どちらかに有効な手法を選択すると、もう一方ではそれがうまく機能しないというジレンマが生まれます。いわば「虻蜂《あぶはち》取らず」の結果になりかねないのです。

今回の伊藤さんのケースのように、歴史あるメーカーが新規事業としてサービス業に取り組むことは摩擦を生む典型的なケースです。

成熟企業が新事業を始めると、仕事のスピード感や進め方、リスクの許容度など、多くの面で正反対のことが求められるのです。

プロジェクトのスタート当初はうまくいっても、徐々に懸念が社内で表明され始め、やがてプロジェクトの継続に疑問符がつく。

これはよくあるパターンです。

では、そうした矛盾を乗り越えるにはどうしたらよいのでしょうか。

矛盾を克服する「弁証法」という考え方

矛盾克服のためによく知られた手法は、ドイツの哲学者ヘーゲルの説いた「弁証法」でしょう。

弁証法とは、ある命題Aとそれに反対の命題Bがあったときに、どちらかを否定する二者択一的発想で考えるのではなく、AとBを統合することで新たな視点Cを生み出す、という考え方です。

この視点Cを生み出すことを**アウフヘーベン（止揚）**と言います。

アウフヘーベンとは、ドイツ語で「上に持ち上げる」「捨て去る」といった意味ですが、ある事象を俯瞰して見たときに、これまで持っていた固定観念が覆《くつがえ》されるといったニュアンスがあります。

たとえば「ゲームをしたい」という子どもの考えと、「ゲームは教育上良くないからやらせたくない」という親の考えは、ある意味で対立・背反の関係にあります。

これに対し、今、子ども向けにヒットしている知育ゲームアプリなどは、弁証法的に矛盾を解消した例と言えるでしょう。

伊藤さんが取り組む新規事業も、「顧客に新しい価値を提供できる」というメリットがある一方で、「工数を食うため収益が圧迫される」という側面があります。

そこで両者を併存させるための方策はないかと考えてみると、たとえば「新規事業に試験的に参画することで価値を実感してもらい、その結果、既存事業の取引を拡大する」というアイデアが浮かぶでしょう。

どちらかを否定するのではなく、**両者の特徴を取り込んだ上で新しいアイデアを打ち立てる**。これによって問題解決を目指すところがポイントです。

弁証法を東洋的に捉える

では、もう一歩進めて、弁証法の東洋的な解釈を試みましょう。

西洋的弁証法と東洋的弁証法

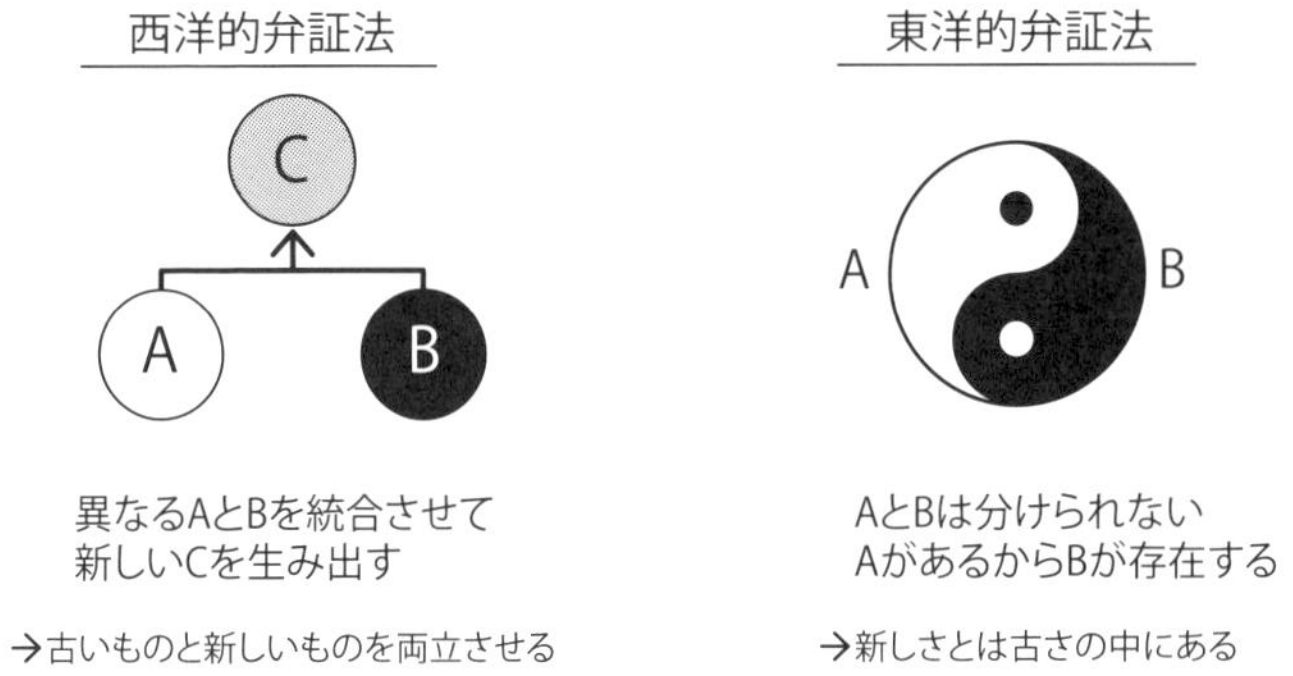
西洋的弁証法
C
A
B
異なるAとBを統合させて
新しいCを生み出す
→古いものと新しいものを両立させる
東洋的弁証法
A
B
AとBは分けられない
AがあるからBが存在する
→新しさとは古さの中にある

矛盾を東洋的に捉えると、**AとBは分けられない（つながっている）**と表現できます。

序章でご紹介した太陰太極図（上図右）のように、一見すると真逆のように見える事象も実は矛盾しておらず、互いに関係しているとする視点です。

「古いもの」と「新しいもの」というと、対立概念のような印象を受けます。

しかし、「温故知新」という言葉があるように、「古いものがあるからこそ、新しいものがある」と考えると、見え方が違ってきます。

実際のビジネスでも、新しいことに取り組む際に、あえて自社の創業の歴史を読み返したり、企業理念に立ち返ったりすることはよくあることでしょう。そうすることで「既知のものから未知のものを生み出すヒント」が得られるのです。

ひとつ例を挙げましょう。

現代において、伝統事業と新規事業の両立の難しさに直面している業界といえば、自動車産業が挙げられます。

ＥＶ（電気自動車）や自動運転などの「１００年に一度の大変化」に直面しながらも、従来型のビジネスを捨てて簡単に振り切ることもできない矛盾を抱えています。

そんななかで、業界再大手のトヨタ自動車は、２０２０年に自動車のハード（車）とソフト（ＩＴ）を融合した街を丸ごとつくるという野心的な計画を掲げました。

それが、実験都市ウーブン・シティです。

実はこの「ウーブン」（編み込まれた）という言葉には2つの意味があります。

ひとつは人、車、データ、情報技術などすべてを「織りなす」ことを目指した新たな都市であるという意味。

もうひとつは、トヨタの古くからの祖業である「織機」にからめた「織りもの」という意味です。「新しさと古さ」が同居した言葉なのです。

豊田章男社長（当時）はスピーチの中でこのような伝え方をしています。「トヨタは最初、織機メーカーでした。クルマづくりから始めたわけではなく、布を織ることから始めました。

そして今、私たちの技術を使って、新しい種類の街を、そして人生を楽しむ新しい方法を織りなそうとしています」

これは伝統事業と新規事業は決して別々のものではなく、1本の線でつながっていることを伝えるために工夫された表現です。

人間は「新しいもの」を否定したがります。また、未知の領域に踏み出すことに恐怖を覚えます。それに対し、「一見新しいことをやろうとしているかのように見えるが、実は今までやってきたことの延長線上にある」と示すことは、相手の不安を軽減する心理的効果があると私は思います。

物事に絶対はないと説いた荘子も、「矛盾」を二項対立で捉えることを否定しました。代わりに、円形の「枢《とぼそ》」のような姿勢を持つべきと言いました。

枢とは扉の回転軸のことで、360度どのような方向にも回ります。状況に応じて、柔軟に変化していくことが重要なのだ。荘子はそう伝えようとしたのです。

一方、弁証法を説いたヘーゲルは**「物事は螺旋《らせん》状に発展する」**と言いました。同じところを回っているようでも、1周回ると一段高い場所に到達しているというメタファーです。「未来は過去からの緩やかな進歩の連続で成り立っている」ということを表現したのでしょう。

私たちはビジネスにおいても、「既存事業」と「新規事業」というように二項対立で物事を考えがちです。しかし、よく考えると既存事業もかつては新規事業だったわけです。どこまでが既存でどこからが新規なのかは、人が主観で勝手に線を引いて決めているだけです。会社というのは、あくまで時代に応じた変化を繰り返しながら発展しているだけなのかもしれません。


矛盾を解消するアプローチが西洋的であれ東洋的であれ、矛盾から逃げずに悩み抜いて結論を出す「過程」にこそ意味があります。

「考えた結果、1周回って同じ結論にたどりついた」ということもよくありますが、それでもよいのではないでしょうか。螺旋階段を円を描きながら上っていくように、時間をかけてたどりついた結論は、より厚みを持ったものになっているはずです。

矛盾を自分の中でうまく解消できると、「この判断でいいんだ」という確信が生まれます。その腹落ちが力強い決断を後押しし、その決断が他者へのメッセージに迫力を持たせるのです。

最も良くないのは、片方の意見に簡単に流されてしまったり、中途半端に妥協した結論を出したりすることです。第3章で登場した「割り切りとは魂の弱さである」という言葉を再びかみしめ、矛盾から創造を生み出すことに挑みたいものです。

失敗の恐怖にどう打ち勝つか

一度決めたら、その後は決断をコロコロ変えてはいけません。強い意志を持ってやり抜く必要があります。普通の人なら不安を感じるような状況でも、それをいかにしぶとく続けられるかがリーダーの重要な資質なのです。

リーダーへの戒めを説いた孟子も、意志を貫徹する重要性をこんなふうに述べています。

為《な》すこと有る者は、辟《たと》えば井《い》を掘るが若《ごと》し。井を掘ること九軔《きゅうじん》、而《しか》も泉に及ばざれば、猶《な》お井を棄《す》つと為すなり。『孟子』

何かを成し遂げるとは、井戸を掘るようなものだ。井戸を9割の深さまで掘っても、地下水まで到達せずにやめてしまったら、井戸を捨ててしまうのと同じである。

途中でやめてしまってはいけない。

腹を括《くく》ってやりぬかなくてはいけない。

2000年以上も前から、リーダーの心得として同じことが言われているというのは、背筋が伸びる思いです。

この「やりぬく」とは、結果の成否にかかわらず、「全力を尽くした」「できることはすべてやった」と納得できることだと私は考えます。

大事なのは「全力」を出しているか

ここでは「結果の成否にかかわらず」という部分をあえて強調したいと思います。

孟子は井戸のたとえを用いて「やり抜かなくてはいけない」と言っていますが、「成功しなくてはいけない」とは言っていません。

もちろん、仕事に取り組む以上は全力で打ち込む必要があるでしょう。

しかし、仕事は努力すれば必ず成功するとは限りません。むしろ失敗することの方が多いと思います。

ですから「成功したかどうか」だけで自分を評価するのは危険です。そもそも成功には運の要素もあり、完全にコントロールすることはできないからです。

だから、目の前の成果に一喜一憂せず、「全力を出しているかどうか」で自分を評価することが大切なのです。

仮に失敗しても、全力を出していればきっとその後につながります。

経営哲学に関する多くの著作がある田坂広志氏は、**「人生に成功は約束されていないが、成長は約束されている」**と述べています。

成功しても失敗しても、全力を尽くすことで必ず学びが得られます。それを信じることで、不確実な挑戦にも勇気をもって挑んでいけるでしょう。

勇気について、孟子は「小勇」と「大勇」という言葉を用いました。

小勇とは、血気にはやるばかりのつまらない勇ましさのこと。一方「大勇」とは、自らを省みて、その正しさを信じる姿勢のことです。

自分と対話をしてなすべきことに確信が持てるなら、どんな相手も怖くない。そうした**「内なる強さ」をリーダーが持ち続ける**ことの重要さを孟子は指摘していたのです。

東洋思想実践のコツ 1 「必勝の5つの心得」を確認する

不安の中でプロジェクトを始める（継続する）には勇気がいります。決断するためには、「絶対に勝てる」という確信が持てるまで考え抜かなければいけません。

ストーリーの中で伊藤さんの部下も不安を投げかけていました。このようにメンバーから懸念を示されると、リーダーもつい気持ちが揺らぐことがあるでしょう。それでも「絶対に大丈夫。このプロジェクトはうまくいくよ！」と言い切ることが大切なのです。

では、その確信を得るにはどうすればよいのでしょうか。

戦略の法則が書かれた名著『孫子』の中に「必勝の5つの心得」というものが出てきます。

恒《つね》に勝つに五有り。主《しゅ》を得て専制《せんせい》すれば勝つ。道《みち》を知れば勝つ。衆《しゅう》を得《う》れば勝つ。左右和《わ》すれば勝つ。敵を量《はか》り険《けん》を計《はか》れば勝つ。『孫臏兵法』

常勝のポイントは5つある。君主の信任を得た将軍が全権をしっかり掌握していること、将軍が軍事に一貫する法則性を熟知していること、大衆の支持を得ていること、将軍の参謀が一致団結していること、敵の実情を探知し、険しい地形などの情報に通じていること。

『孫子』では、これらの要素がそろっていれば戦には必ず勝てる、逆にこれらがそろっていないと必ず負けると解説されています。勝てない戦はすべきではないですから、「勝てるどうか」を正しく見極めてから決断することが非常に重要です。

ここではこの必勝の心得をビジネス的に解釈してみます。

①リーダーが裁量権を持っていること
リーダーに権限がないと、苦しいときにメンバーを安心させることができません。
プロジェクト自体の筋は悪くないのに、権限の付与が適切でないために失敗するケースは少なくありません。

②リーダーが事業の勝ちポイントを熟知していること

勝ちポイントとは、キーとなる「顧客価値」、それを生み出す「プロセス」、そして価格とコストをバランスさせる「経済合理性」です。これらについてはリーダーが完璧に計算し、誰に何を聞かれても自信を持って答えられなくてはいけません。

③メンバーの気持ちをつかんでいること

メンバーはリーダーと同じ情報を持っていないため、不安を感じるものです。そうした不安を丁寧に取り除き、常にメンバーと同じ方向を向けるようにします。

④知恵を出すメンバーが団結していること

参謀、つまり知恵を授けてくれる協力者をいかにつくれるか。公式に与えられるリソースだけに期待するのではなく、自ら動いて社内外のさまざまな人に味方になってもらうこと。事業を成長させる人は仲間づくりがうまいという共通点があります。

⑤競合やマーケットの情報を理解していること

これはいわばリサーチ能力です。自分の頭と足を使って社外の最新の情報を集めること。最初に立てた事業プランはあくまで仮説であり、ドラフト（下書き）にすぎません。

どんどんアップデートをかけていく勇気と、修正行動の素早さが勝負を分けます。

これらの条件がそろっていれば、かなり勝率を高めることができるでしょう。

タイで起業した私の「5つの心得」

私は35歳のときにタイでの起業を経験しました。

人事コンサルティング事業をタイで始めるという決断でしたが、「家族もいる立場でよくそんなチャレンジをしましたね」と言われます。確かにリスクのある決断だったとは思いますが、私としては「絶対に勝てる」という〝直感〟がありました。

まず、マーケットに明らかなニーズがありました。

さまざまな人と話すなかで、タイ語での良質な人事コンサルティングが必要だという声が多くの企業から上がっていたのです。

そうした要件を満たすサービス設計ができれば、必ずビジネスは成立すると思いました。私が勝ちポイントを確信した瞬間でした。

プライシングやコストをすべて数値化し、経済合理性もシミュレーションして考え抜きました。やがて仮説が確信に変わっていき、これは自分自身がやらなくてはいけないミッションだと感じるようになったのです。

しかし、そうはいってもリスクのある挑戦に恐怖を感じました。そこで、かつての上司や先輩など10人以上を訪ねて、アドバイスを求めました。

いわば私にとっての参謀です。すると、「お前がやろうとしていることは間違っていない。やるべきだ」と全員が背中を押してくれ、大きな自信となりました。

起業や経営をすでにされている方々からのアドバイスは非常に有益でした。

起業においては、何より自分自身にすべての裁量権があることが大きな意味を持ちます。最初は自分の給料をゼロにして、生活費を切り詰めてタイで生活しました。そして、圧縮できた分を採用コストや広告費、商品開発への投資に回すことに注力しました。

大手競合に比べればずっと少ない予算規模でしたが、それでも何とか生き残ることができたのは、ここと決めたところに集中して予算を投下したからだと思います。

それらの思考を繰り返しながら、私の中の「リスクがあるのではないか」という二次感情が消えていきました。

また、反対に、「これこそ自分が進むべき〝道〟なんだ」という確信が芽生えました。

十分な検討と思考が決断に対峙する自分自身の「あり方」を変えた経験でした。

もちろん、スモールビジネスの起業と大きな組織でのプロジェクトでは、話が異なるかもしれません。しかし、共通する部分はあると思います。

みなさんもビジネス上の決断をすることがあれば、先ほど挙げた「必勝の心得」を当てはめて考えてみてください。その上で「いける」という直感が得られたら、勇気を持って決断してみてはいかがでしょうか。

東洋思想実践のコツ2

「楽観と悲観」を計画とメンバーの中に織り交ぜる

そうはいっても、いざプロジェクトが始まるとうまくいかないことばかりです。やがて内外から批判や懸念が表面化します。ポジティブさを保ちながら、同時に慎重さも持ち合わせる必要があります。

では、どのようにこの2つのバランスをとればよいのでしょうか。

ここでは稲盛和夫氏の言葉を紹介したいと思います。

稲盛氏は、事業計画を立てる上では**「楽観的に構想し、悲観的に計画し、楽観的に実**

行する」と自著の中で述べておられます。

「新しいことを成し遂げるには、まず『こうありたい』という夢と希望をもって、超楽観的に目標を設定することが何よりも大切です。

天は私たちに無限の可能性を与えているということを信じ、『必ずできる』と自らに言い聞かせ、自らを奮い立たせるのです。

しかし、計画の段階では、『何としてもやり遂げなければならない』という強い意志をもって悲観的に構想を見つめなおし、起こりうるすべての問題を想定して対応策を慎重に考え尽くさなければなりません。

そうして実行段階においては、『必ずできる』という自信をもって、楽観的に明るく堂々と実行していくのです」

『京セラフィロソフィ』（サンマーク出版）

興味深いのは、楽観と悲観を**二項対立ではなく「併存」させているところ**です。

事業の可能性を考えるとき、普通は「成功するか否か」という楽観と悲観の綱引きで捉えるでしょう。ところが稲盛氏は、これを「構想・計画・実行」という、ある意味でレイヤーの違いと捉えることで矛盾を統合しています。

楽観と悲観のバランスが組織の命運を決める

稲盛氏の言葉の中でとくに大切なのは「楽観的に構想する」「悲観的に計画する」という点です。ここで私の友人の話をご紹介しましょう。

私の友人は東南アジアでホテルを経営しています。ホテル産業というのはご存じの通り、新型コロナウィルスにより大打撃を受けました。

多くのホテルが廃業や厳しいリストラを経験しました。そんな、危機を乗り越えたホテルは、ビジネスパーソン向けにデイユースプランを始めたり、クーポンを売り出したりと、前向きかつ創造的に、さまざまなアイデアを出し続けたホテルです。

「あきらめずに手を尽くしていれば、きっと状況は打開できる」と信じて動き続けたホテルは困難をはねのけました。

友人のホテルもそのひとつで、たとえ状況は厳しくとも、希望を持って楽観的に未来を信じ続けたのです。

一方で、計画、つまり実行に対する見積もりは悲観的に、慎重に考える必要があります。

「コロナは間もなく収束するだろう」といった希望的な予測を立て、危機が過ぎ去るのをただ待っていたホテルは淘汰されていきました。

また、「当社は絶対にリストラをしません」といったメッセージを従業員に伝えたホテルもあったそうですが、そうした根拠のない楽観論も適切ではありません。状況を考えれば、「絶対」と言いきれる保証などどこにもないからです。

事業プランはあくまで最悪の状況を想定して、甘い見積もりを排し、従業員とは現実的なコミュニケーションをとることが肝要なのです。

結局、生き残った会社とそうでない会社の間には、経営者の力量が明確に表れました。この差はまさに、**楽観と悲観のバランス**だったのではないかと私は考えています。

続けて、稲盛氏はこの「楽観」と「悲観」をプロジェクトにおける仕事の任せ方に反映させることを勧めています。

「ただ楽観的で明るいだけの人間に任せっぱなしにするのは、危険この上ないことです。ですからそのような者は、『やりましょう、やりましょう』と言って、まず雰囲気をつくってくれればそれでいいのです。本当に成功させていくためには、計画を細かく

稲盛流 楽観と悲観のバランス

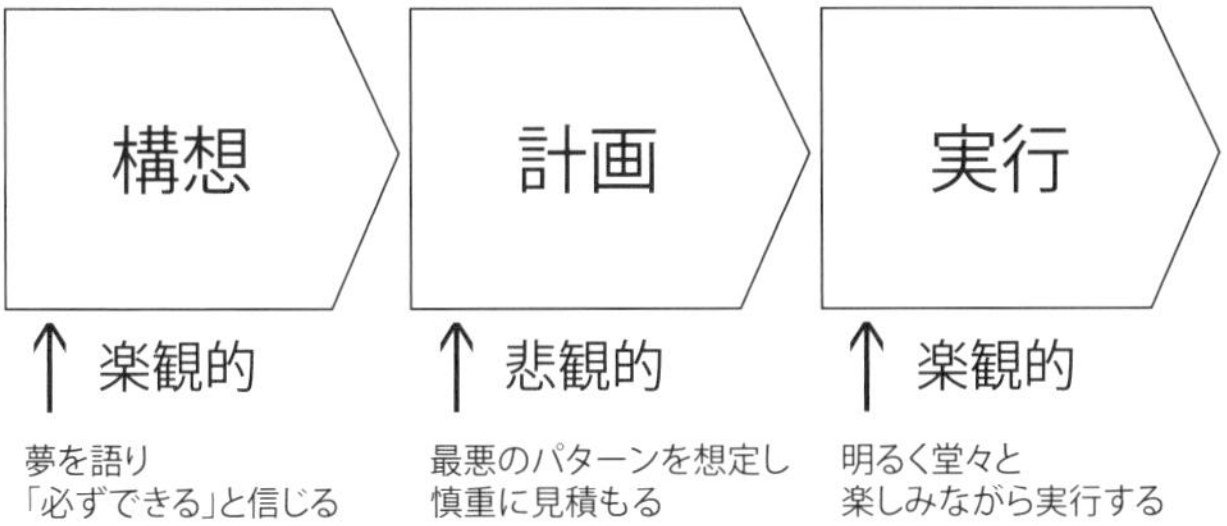
構想
計画
実行
↑ 楽観的
夢を語り
「必ずできる」と信じる
↑ 悲観的
最悪のパターンを想定し
慎重に見積もる
↑ 楽観的
明るく堂々と
楽しみながら実行する

練る際に、ちょっとシニカルなところがあって、冷ややかにものを見るような人間と選手交代させなければなりません」

(同前)

プロジェクトの中で楽観的な人物と悲観的な人物を両方関わらせることで、検討におけるバランスをとることができるのです。

とりわけ新規プロジェクトには社内から厳しい目が向けられます。それゆえにさまざまな意見に備える必要がありますが、そこでチームの多様性が大きな武器になるのです。

悲観的な人からの批判に対しては、悲観的な人の反論の方が効果的です。

「不安だ」と言う人に「いえ、きっと大丈夫です」と単に楽観的に返すのは必ずしも不安の解消にはつながりません。むしろ「私も不安です。でもこういうことは言えそうです」と事実と数字をもとに返した方が説得力を持ちます。

リーダー自身が楽観的な人なら、悲観的で慎重な人をメンバーに入れましょう。逆にリーダー自身が現実的で悲観的なタイプなら、明るく前向きなエネルギーを持った人をメンバーに入れましょう。このようなチーム構成における工夫も、新規プロジェクトの成否においては非常に大切なのです。

「矛盾を統合して乗り越える」というと非常に高度な行為のように聞こえますが、稲盛氏が提唱した考え方は、**「矛盾を異なるレイヤーで捉える」「矛盾をチーム内で吸収する」**と解釈することができます。これはとても実践的な考え方ではないでしょうか。

その後のストーリー

営業部長との打ち合わせを受けて臨んだ予算会議。

伊藤はまず、プロジェクトの意義について語った。

「ものからことへ」の転換は日本全体の喫緊の課題である。世界に通じるものづくりで知られる日本企業はいくつもあるが、ＩＴ業やサービス業ではあまり存在しない。

世界に先駆けて技術を磨いてきた当社には、新しいチャレンジをする使命がある。

顧客から寄せられる期待も大きく、自社のポテンシャルには間違いなく可能性があると確信している。だから、今の活動を続ければ必ず結果が出る。

伊藤はこのように思いを込めて語った。


理念だけではなく、具体的な数値計画も丁寧に説明した。

確かに当初の収支計画に対して未達の状況が続いている。

しかし、先行してサービスを提供している顧客からは評価が高く、一定のフィーが見込めそうなこと、また既存商品の受注増の動きもあることなどを示した。

新規事業と既存事業を明確に切り分けるのではなく、シナジーをつくりながら事業を進めていくことができる、と社内の反対派を意識した説明を付け加えた。

さらに、メンバーの取捨選択を進めるという案を説明した。

プロジェクトがスタートしてしばらく時間が経ったことで、メンバーのモチベーションや力量の違いが見えてきた。ここでメンバー一人ひとりと改めて面談し、プロジェクトに残るメンバーと本来の業務に専念するメンバーを選別する。

既存事業に戻るメンバーも、今回の経験を通じて大きく成長したはずだ。このプロジェクトから学んだことを生かして、既存事業に価値を還元してくれるだろう。

プロジェクト全体の収支も、メンバーのコストを抑えることで若干ながら改善する。あわせて、リソースを出してくれていた部署の負荷も軽減されるはずだと説明した。

責任追及の機会をうかがっていた幹部も、伊藤のバランスのとれた説明と決意に満ちた表情から、言葉を飲み込まざるを得なかった。

そして、協議の結果、「もう少し任せてみるか」という結論に至ったのだった。

第6章

どのように自信を取り戻すか

過去を追うな。
未来を願うな。
過去はすでに捨てられた。
未来はまだやって来ない。
ただ今日なすべきことを熱心になせ。
（釈迦）

名古屋への異動辞令

新規プロジェクトの継続許可を得て奮闘していた伊藤だったが、残念ながらその半年後にプロジェクト中止の判断が下った。

伊藤は全力を尽くしたが、会社全体の業績が芳しくないこともあり、トップダウンで中止の命令が下った。どうやらプロジェクトに強く反対した役員がいたようで、伊藤からは窺《うかが》い知れないところで決定が下されたようだ。

そして、伊藤に異動の辞令が出た。

行先は名古屋支店の営業課長。課長ポジションとしてはスライドだが、東京の営業課で担当していた数字に比べると、ビジネスの規模は5分の1程度になった。

営業部長からは、こんな言葉をかけられた。

「落ち込むなよ。これは降格でも左遷でもないからな。ただ、元の場所にそのまま戻るよりも、少し環境を変えて活躍してもらうべきじゃないかってことだ。心機一転のつもりで頑張ってくれ」

部長はフォローしてくれたが、社内の反対勢力が自分の処遇に口を挟んだのは明らかだ。プロジェクトの提案から2年強、伊藤は不完全燃焼のまま、名古屋に引っ越した。

名古屋支店は伊藤が新人の頃に仕事をしていた場所だ。

伊藤は今回、当時の顧客を一部担当することになった。なかには「お、出戻りだね！」と伊藤の異動を歓迎してくれた人もいたが、素直に喜べる気持ちにはならなかった。

（ここでまた、一から出直すしかないか）

伊藤は心の中で自分に言い聞かせた。

名古屋支店は組織も小さく、部下の数もグンと減った。

だが、伊藤は東京支店での経験を新しい部下に伝えられるよう、懸命に努力した。

そんな彼を名古屋支店の部下たちは温かく迎えてくれた。

とはいえ、その年の賞与の査定はかなり低かった。

予想していたとはいえ、今までで一番低い評価である。

伊藤はショックを隠しきれなかった。プロジェクトが失敗だったとは思いたくない。だが、社内では実質的な失敗と見られていることが改めて実感できた。もちろん、納得はしていない。始めるときは会社としてバックアップすると言っておきながら、手のひらを返されたような気分で悔しさがこみあげる。

それでも今は、この現実を受け止めるしかないのだろう。

「ボーナスが出たら車でも買い替えようか」と妻と話していたが、それは来年以降に持ち越された。東京で普通に課長をしていたら、もっとボーナスは多かったはずだ。妻はとくに気にしている様子もなさそうだったが、あえてそうふるまっているようにも感じられた。

その夜、伊藤は夢を見た。夢の中では3年前に営業課を去っていった木下と橋本がスタートアップ企業を上場させ、取引所の鐘《かね》を鳴らしていた。一方、その場所には2人を遠くから眺めている自分の姿があった。

目が覚めて、伊藤は思った。

（アイツらなら実現させるだろう。これは正夢になるかもしれないな……）

2人のことは純粋に応援していたし、誇らしい気持ちだった。しかし、こんな夢を見るということは、心のどこかで自分は彼らに嫉妬しているのかもしれない。

木下と橋本は会社を出て新しいスキルを身につけ、時代の先を行く仕事をしている。

一方、自分はどうだろう？

昔ながらのスタイルのまま、単調な仕事をしているだけだ。自分がやっていることがひどく時代遅れのような気がして、焦りの感情が湧いてきた。


家を出て、車で会社に向かいながら思いを巡らせる。名古屋での日々はのんびりしているし、嫌いではない。だが、一方で時間は淡々と過ぎていく。新規事業に人生を賭けていた頃の、湧きあがるような情熱を今は持てずにいる。

(こんなことになるなら、プロジェクトなんてやらなきゃよかったな)

そんな後悔の念が伊藤を襲う。

東京では営業のエースとまで言われていたのに、今はこのありさまだ。

自分のキャリアはこの先どうなってしまうのだろうか。

「こんなはずじゃなかったのに……」

ハンドルを握りながら、伊藤は思わずつぶやいた。

本章のテーマは「自信」です。

私たちのキャリアは、決して順風満帆にいくものばかりではありません。大きな壁にぶつかって自信を喪失してしまうことは、すべてのビジネスパーソンに起こり得ることでしょう。そうした状況で、どのように自信を取り戻し、苦境から抜け出せばよいのでしょうか。

孔子も報われない人生を歩んだ

どんな時代でも不遇なリーダーはいました。というより、何かに挑戦する人はみんな、不遇な時代を経験する運命にあると言ってもいいのかもしれません。

荀子は古代中国で報われない経験をしたリーダーの名を挙げて、うまくいかないときにリーダーがどのような姿勢で臨むべきなのかを示しました。

『荀子』に出てくる話を要約して紹介しましょう。

古代の聖王であった舜《しゅん》と堯《ぎょう》は、孝行をする人であったが親から疎外される人生を送った。同じく武将である殷《いん》の比干《ひかん》と呉の子胥《ししょ》は、君主にさまざまな忠告を行ったたが、聞き入れられずに殺された。仲尼《ちゅうじ》（孔子のこと）と、その弟子である顔淵《がんえん》は共に知恵があり、諸国遊説なども行ったが、誰にも重用されなかった。

しかし、もし暴国に生まれて迫害されても、それを避けて亡命することのできないものは、その国の良いところを褒め、その美点を顕彰し、その長所を言い立てて、短所をなるべく言わないようにするのが良いだろう。


「偉大な人物とされている人々も、必ずしも幸せな人生を送ったわけではない」

荀子はこのように説きました。それどころか、忠告したら殺され、進言しても重用されず、望んでいたこととは逆の結果になってしまった人はたくさんいるのです。

とはいえ、どれほど自分の置かれた環境が意に沿わないものであっても、嘆いたところで何も始まらない。どんな世界にも良い点があるのだから、それを発見していく方がいいだろうという現実的なアドバイスをしています。


『論語』が後に世界中で読まれるようになった孔子も、生前に高く評価されたわけではありませんでした。むしろ、孔子本人の人生はとても不遇なものであったようです。

弟子がそれを気にかけて、「先生はもっと評価されてもいいはずだ」と述べると、孔子はこう言ったそうです。

子曰く、人の己を知らざるを患《うれ》えず。己の能《よ》くするなきを患う。

孔子先生は言われた。「人が自分のことを知らない（評価してくれない）ことを心配するな。自分が知られるだけの力がないことを反省して、さらに努力していればよい。

人生の逆境でどう生きるか

人から知られなくても気にするな、と孔子は言いました。

実はどんな世界でも長く世の中から認められなかった人はたくさんいます。画家のゴッホ、音楽家のマーラーなども、生前にはまったく評価されませんでした。

新しいことをなす人は、その新奇性ゆえに周囲に理解されなかったり、逆に妬まれたりします。それは何かを成し遂げようとする人の宿命なのかもしれません。

孔子やゴッホと自分を比べるのもおこがましいかもしれませんが、「現状を否定して挑戦をしているのだから、まわりから理解されなくても仕方がない」という考え方は持っておいて損はないでしょう。

「自分だけが正しい」と独善的になってはいけませんが、坂本竜馬が言った「我為すことは我のみぞ知る」という心境を備えていないと、真の変化を起こすリーダーにはなれないのかもしれません。

孔子が「反省してさらに努力せよ」と述べるように、私たちができることは目の前のことに全力で取り組むことでしょう。評価されるかどうかは、あくまでも一時的な結果にすぎません。そこに一喜一憂して心を乱すのではなく、自分自身の力を高めることに注力をすべきだと孔子は言います。

状況が変わって自分に再びチャンスが訪れたときに、そのチャンスを生かせるかどうかは、それまでの準備次第です。〝然るべき瞬間〟が訪れたときに十分に実力を発揮できるよう、**苦境のときこそ力を溜める**ことを意識したいものです。

苦境にいる人をまわりは見ている

私はときどきキャリアに関する悩みの相談を受けます。上司との相性が合わなくて悩んでいる、今の会社ではやりたいことができない、単純に将来のキャリアに悩んでいるなど、ある程度仕事に慣れてくると、こうした悩みはつきものでしょう。

そのときに、今の環境への不満や不安のみが先行してしまう人は、なかなかそこから脱するきっかけをつかめない傾向にあります。

反対に、荀子が言うように、苦しい環境の中でも「良い点」を見つけてそれを人に語る人、あるいは腐らずに全力を尽くす人にはチャンスが訪れやすくなります。

なぜでしょうか？

それは**苦境の中にいる人の様子を周囲はよく見ている**からです。そして、時が巡ってきたときにその人に新たな機会を与えるかどうかを、そのふるまいから判断します。

苦境のときこそ、本当の自分の実力が出ると言ってもいいでしょう。

「天は自らを助くる者を助く」という言葉もありますが、自分で自分のことを何とかしようとしている人ほど、結果として他人から助けてもらいやすいものです。

ゆえに私は、ただ落ち込んでいるだけの人には「ファイティングポーズをとるのは自分自身ですよ」とお伝えすることがあります。周囲が助けようにも、戦う姿勢を見せていない人を助けるのは難しいのです。

今、あなたがキャリアの壁にぶつかっているなら、「今が踏ん張りどころだ」と前を向き、目の前の努力を一つひとつ積み重ねてください。その姿をきっと周囲は見ています。

「今に集中する」という禅の教え

そうは言っても、苦しい状況が続くとどうしても迷い、落ち込むものです。

この迷いにどう向き合えばいいのでしょうか。

ここでは、禅の教えを参考にしてみます。

序章でふれたように、禅はインドから来た仏教と中国で生まれた老荘思想が融合し、日本で現在のような形に発展しました。中国語ではなく日本語の「ZEN」として世界で知られていることからも、日本独自の思想であることがわかります。

禅が優れているのは、「無になる」「主観を排する」という東洋思想の概念を「座る」というシンプルな行為で表現しているからでしょう。

高尚な哲学は、難しい文章や長々とした説法を通じて伝えられがちです。

しかし、禅はそれを「ただ座る」ことで伝えようとしている。禅の最も優れた点は、

「体験」から学べるというシンプルなソリューションなのだと私は感じています。

禅宗を代表する思想家であり、曹洞宗の開祖・道元はこんな言葉を残しています。

万法《まんぽう》に証《しょう》せらるゝといふは、自己《じこ》の身心《しんじん》および他己《たこ》の身心をして脱落《だつらく》せしむるなり。

『正法眼蔵』

悟りの世界に目覚めさせられるということは、自己および他己（自分の中の他人）を脱落させることである。

「自己および他己を脱落させる」とはどういうことなのか。

キーワードを少し拾い上げてみます。

「自己を脱落させる」とは、**自分自身の余計な感情を捨て去る**ということです。

道元は、禅とは「心身脱落」をさせる行為だと言いました。集中して座禅を組んでいると、次第に何も考えない状態になります。そして、物事に対する執着や邪念が徐々になくなっていくでしょう。こうした「無我の境地」こそ、禅が目指す心身脱落なのです。

たとえば、人間はつい過去の失敗や後悔を思い出してしまいます。

それに対して道元は、「今」に集中することの大切さを「炭《すみ》は炭《すみ》、薪《まき》は薪《まき》」という言葉で説明しました。

目の前にある炭は、昔は薪でした。しかし、今は炭に変わってしまいました。一度炭になった薪がもう一度薪に戻ることは絶対にありません。

薪は炭という新しい存在に変わったのだから、その新しい存在の方を見なくてはいけない。「昔は良い薪だったな」「今の炭は嫌いだ」などと言っても無意味です。過去に執着したり、現在と過去を比較したりする私たちにとって戒めとなるメッセージです。

「実現しなかった世界」のノイズを排除する

そうは言っても、「今」のことだけを考えるのは、私たちにとってはなかなか難しい課題です。第4章で紹介した「女性を対岸まで運んだ僧侶」の話でも、人間は過去の感情を引きずりやすいと述べました。

伊藤さんも「プロジェクトなんてやらない方がよかったのかな」「東京にいたらもっとボーナスは多かっただろう」などと考えてしまいました。これらは本来、考えても意味のないことですが、私たちもつい「たら」「れば」が脳裏に浮かんできます。

それらは**ノイズ（雑音）**です。

私たちは不安になると、このように「実現しなかった世界」のことを思い浮かべ、現在の自分と対比してしまいます。

前の会社にいたらもらえていたはずの年収を計算してみたり、別れた彼女と今のパートナーを比較してみたり……。人間ですからそう考えてしまう気持ちは理解できますが、考えても意味のない思考に感情をコントロールされてはいけません。

繰り返しますが、それは今を懸命に生きるためには不要なノイズなのです。

ノイズが聞こえてきたら、「おっと、これはノイズだ」と認識して、思考を切り替える習慣を身につけたいものです。

「自分の中の他人」を捨て去る

「他己を脱落させる」というポイントにもふれておきましょう。

「他己」とは**自分の中にいる他人**という意味です。

私たちは「他人と自分を比較する」という点において強い執着を持っています。

伊藤さんは、辞めていった木下さんや橋本さんと自分を比較して、うらやましく思っています。また、今の彼らの能力と自分のそれを比較して、自分の方が劣っているのではないかと考えて落ち込んでいます。

しかし、これもある意味ではノイズでしょう。

木下さんや橋本さんの能力が高まっていることと、伊藤さんのキャリアが成功することには、何の関係もありません。むしろ、2人が成功することは、伊藤さんにとって良いことでもあるはずです。

喜びこそすれ落ち込む必要はまったくないのですが、人はネガティブモードに入ってしまうと、こうした比較対象を見つけて不必要に自分を貶《おとし》めてしまうことがあります。

人間は「勝ち負け」にとらわれやすい生きものです。とくに、幼い頃から厳しい競争にさらされる環境で育ってきた人は、「勝たなければいけない」と無意識に思うようです。そうした価値観を持つ人は、無意識に「誰かの勝ち」を「自分の負け」に変換します。

私たちが生きている世界は、誰かの勝ちがそのまま自分の負けになるとは限りません。場合によっては「自分も相手も一緒に勝つ」ことだって十分あり得るでしょう。

他人の喜びを自分の喜びと考える

道元は「自他不二」という言葉も残しています。

世界の大きな流れの中で見れば、自分と他人は、ある意味で同じである。だから、**他人の喜びは自分の喜びである。そして、自分の喜びは他人の喜びである。**

道元はこのように説きました。

誰かの成功を妬んで自分の感情を下げるよりも、相手と自分は一緒に世界を良くしている、と好意的に捉えた方が得るものが多いのではないでしょうか。


ビジネスには、競争して限られたパイを取り合う側面があります。

ポストが限られる社内の出世競争であれば、「みんなが勝つ」のは不可能でしょう。

ですが、そうしたビジネスの世界の勝ち負けと、人として誇れる生き方をしているかどうかは別の話です。相手が仕事で勝ったからと言って、自分が劣っているわけでもダメな人間というわけでもありません。

社会的に成功していても、褒められた人間性でない人はたくさんいます。そうした人が本当に幸せな人生を歩むかどうかは疑わしいのではないか。私はそう思います。

仮にビジネスにおける勝負に負けたとしても、全力を尽くして負けたのなら仕方がありません。そこから学び、成長していけばいいのではないでしょうか。

相手との関係もノーサイドです。

ライバルだからといってお互いを悪く言うことは、逆に自分の価値を下げることになります。一流のプロスポーツ選手は対戦相手のこともリスペクトして称え合います。

このように心掛けることで、自分と他人を比較して落ち込むことは減らせるのではないでしょうか。

他人を愛することは自分を愛すること

「自他不二」のあり方で相手の成功を喜ぶためには、「愛」を持つことが大切だと道元は言います。彼は「愛語」と表現し、愛は「言葉」に表れるのだと言いました。

愛語といふは、衆生をみるにまづ慈愛の心をおこし、顧愛《こあい》の言語《げんご》をほどこすなり。おほよそ暴悪の言語なきなり。世俗には安否をとふ礼儀あり、仏道には珍重《ちんちょう》のことばあり、不審の孝行《こうぎょう》あり。慈念衆生《じねんしゅじょう》、猶如赤子《ゆうにょしゃくし》のおもひをたくはへて言語するは愛語なり。『正法眼蔵』

愛語とは、人々に対して慈しみ愛する心を持ち、愛情に満ちた言葉を用いることである。乱暴な言葉は慎むべきである。たとえば世の習慣では「お変わりないですか」という安否を問うという礼儀がある。また、仏道にも「お身体を大切に」という自愛を勧める言葉や、また「ご機嫌いかがですか」と問いて相手を敬う礼儀がある。このように人々を慈しみ念じるような、赤ん坊に対するような思いを抱いて言葉を語る、それが愛語である。

相手に対する言葉遣いにその人の人間性が現れるという点は否定できません。

ライバル関係にある人が成功したときにも、「おめでとう」と心を込めて伝えられるか。競合会社の人と会ったときも「お互いに頑張りましょうね」と笑顔で挨拶ができるか。そんなふうに人との言葉に愛情を込められるか否かは、自分の中の「他己」、つまり他人に対する執着を捨て去れるかどうかにかかっているのです。

ビジネスシーンでは、「初対面の人」への接し方にも、こうした人間性が現れます。

第 6 章

どのように**自信を取り戻す**か

自分より上か下かを判断して態度を変える人。

値踏みするような態度と言葉遣いで相手と会話をする人。

そうした人は、逆に他人に執着していると言えないでしょうか。

反対に、他人にも自分にも執着のない人は、どんな人とも分け隔てなく、等しい言葉遣いで接することができます。

「自他不二」という立場に立てば、**他人を愛するということは自分を愛するということ**に他なりません。別の言い方をすると、「自分に自信がないから、相手を受け入れることができない」とも言えるでしょう。揺るぎない自分が存在していれば、相手が成功しようが失敗しようが、関係のない態度で接することができるはずです。

このように、自分自身に対する接し方と相手への接し方はループしています。

もし、他人を愛せず、嫉妬や嫌悪の感情があなたの中にあるとしたら、それは自分自身を認めることができていないからではないでしょうか。

まずは自分自身を肯定し、愛することから始めてみましょう。それが自信となり、自分の礎《いしずえ》となっていきます。

東洋思想実践のコツ1 軸となる価値観をつくる

では、自信を育てるには具体的にどうすればいいのでしょうか。

まずお勧めしたいのは、「何が満たされれば自分は幸せなのか？」を自己内省し、認識することです。

「満たされる」とは〝お金がほしい〟とか〝出世したい〟といった目に見える形での満足ではありません。自分はどのような価値観を満たすことができれば喜びを感じるのか、つまり自分自身が根源的に求めているものを認識するということです。

「成功する」「お金を稼ぐ」という〝結果〟を指標にしてしまうと、満たされるまでに時間がかかりますし、運の要素にも支配されてしまいます。

結果や運に左右されず、これが満たされていれば自分らしくいられるという要素を言葉にしておくことが大切です。

孟子が説いた3つの価値観

孟子はリーダーが持つべき価値観として、「3つの楽しみ」があると言いました。

「まずは家族が健康であること。そして自分の行いが正しくて、天に対して恥ずかしいことがないこと。そして弟子を教育し、立派な人物を育てること」

孟子が優れているのは、「王になること」は、この3つには入らないのだと強調した点です。王になれるかどうかも、王で居続けられるかどうかも、それはあくまで結果であり、自らコントロールすることはできません。自分が関与できないものに喜びを求めるのではなく、「正しい行いをすること」「人を育てること」など、日々実感できる価値観を自分の中心に置くことが大事だと述べたのです。

自分の「拠りどころ」を見つける

私はこの重要な価値観を**アイデンティティ**と呼んでいます。自分を自分たらしめている要素であり、それが満たされていれば自分らしくいられるという価値観のことです。

人は、何かしらに自分の拠りどころを置きたいものです。それがあれば安心する。そう思えるものがアイデンティティです。

友人のタイ人に「感謝と貢献に生きる」という信念を持っている人がいます。すべての仕事において、損得で判断するのではなく、「感謝と貢献」を判断基準にしているのです。そうすることで仕事に一本筋が通りますし、ビジネス上の判断や相手への接し方においても迷うことがなくなるでしょう。

アイデンティティを持って生きるとは、そんなイメージです。

気をつけたいのは、「〇〇という会社に勤務している」「〇〇大学を卒業した」といった価値をアイデンティティにしないことです。

こうした表面的な価値に自分を委ねてしまうと、仮に会社が自分と異なる方針を示したときに、自分のアイデンティティを保つことができません。あるいは会社を辞めたときに、まるで自分が何者でもなくなったような虚無感に襲われるリスクがあります。

また、「若い頃の実績」や「子どもの将来」をアイデンティティにするのも危険です。過去が戻ってくることはありませんし、子どももいずれ離れていきます。

自分自身の拠りどころは、あくまで〝自分〟の中に持っておくべきでしょう。

自分を支えられるのは、他ならぬ自分だけなのです。

私自身の話で恐縮ですが、私のアイデンティティは「チャレンジ」と「成長」です。

海外で挑戦し続けることは自分の生き方だと決めていますし、また、コロナ不況をはじめとするピンチに直面しても「逃げない」ことを意識してきました。それは、自分が「チャレンジすれば後悔しない人間」だと知っているからです。

また、「成長」については、自分の成長はもちろんのこと、他の人たちの成長に貢献したいという思いが強くあります。この本を書こうと決めたのも、多くのリーダーやリーダーを目指す人たちの成長を助けたいという自分なりのチャレンジなのです。

他人に惑わされず自分のスタイルを貫く

価値観を堅持すると同時に、自分自身の得意な仕事のスタイルをしっかりと守ることも大事です。不調になると、つい他人のやり方の方が良く見えてしまいますが、自分にはこれまで培ってきた独自のやり方があるはずです。他者を過度に意識すると、うまくいきません。それを示すユニークな逸話が『荘子』に出てきます。

燕の国に寿陵《じゅりょう》という田舎町があった。そこに住む若者が都会風の歩き方を学びたいと、大国である趙の都の邯鄲《かんたん》に行った。

邯鄲でその歩き方を身につけようとしたが、まだ身につけないうちに帰国しなくてはいけなくなった。歩いて帰ろうにも都会風の歩き方はまだできない。一方で、元々の田舎風の歩き方はすっかり忘れてしまった。そこで仕方なく故郷まで這《は》って帰っていった。

一読するとおかしな話ですが、この話は自分のスタイルを崩すことによって陥る典型的な失敗のパターンを表しています。

スポーツ選手でも、コーチのアドバイスに従ってフォームをガラリと変えて失敗したというケースをよく聞きます。第1章でも「変える」のではなく「加える」というスタンスの大切さを伝えましたが、元々のスタイルを維持しながら新しいスタイルを付け加えるのが成長の基本的な考え方です。アドバイスは聞きつつも、スタイルの変更を判断するのはあくまで本人であることを心得ましょう。

伊藤さんがやるべきなのは、今一度**自分の強みに立ち返る**ことでしょう。

また、新規プロジェクトを進める中で身につけた経験やスキルがあるはずです。それをしっかりと棚卸しして、そこから何を得たのか、それは元々のスタイルにどうプラスできるのかを整理して自分の中に落とし込むことです。

プロジェクトに奮闘した2年間を否定してしまっては、せっかくそこから得られたはずの成長もなかったものになってしまいます。

自分のスタイルを貫く際にノイズとなるのが、上司や周囲の人が何か言ってくるのではないかという不安です。不調に陥ると他人の目がやたら気になり始めるものです。ですが、これも「他己」、つまり自分の中にいる他人です。意識しすぎてはいけません。自分が思っているほど、周囲は自分のことを気にしていないのです。

東洋思想実践のコツ2 運を呼び込むふるまいを意識する

結果がコントロールできないのであれば、目の前のことをコツコツ実践するしかありません。その際には、道元が「愛語」を使うべしといったように、**日常の言葉やふるまいを正す**ことが大切です。

正しいふるまいを実践できていれば、自分に対する自信が徐々に戻ってきます。

孔子は、優れた人間が実践すべき9つの心がけとして「九思」を提案しました。

孔子曰く、君子に九思《きゅうし》有り。視るには明《めい》を思い、聴くには聡《そう》を思い、色は温を思い、貌《かたち》は恭《きょう》を思い、言《げん》は忠《ちゅう》を思い、事《こと》は敬《けい》を思い、疑いには問うを思い、忿《いか》りには難を

思い、得《う》るを見ては義を思う。『論語』

孔子先生は、立派な人間が持つべき9つの心がけがあると言われた。見るときははっきり見る、聞くときはしっかりと聞く、顔つきはおだやかに、態度は恭《うやうや》しく、言葉は誠実で、仕事には慎重を期す。疑問があれば質問し、怒りにはあとの面倒を思い、利益を前にしては道義を思う。

これらはすべて大切なことだと思います。とくにビジネスパーソンのふるまいに関することとして、「顔つき（表情）」「態度」の重要さをお伝えしたいと思います。どれだけ発言を工夫しても、その人の本音は表情や口調、態度に出てしまいます。「40歳を超えたら自分の顔に責任を持て」などと言います。たとえばイライラした感情の人が年月を経ると、そのまま「怒り顔」になってしまいます。このように、内面が外見をつくるのです。表情は、その人の人格を周囲に伝える最たるものでしょう。

部下にいろいろなことを伝えているのにメッセージが届かないと感じる人は、ご自身の表情・態度をもう一度チェックしてみてはいかがでしょうか。

大谷翔平の強運の秘密は？

一般的に「運」とはコントロールできないものですが、日常のふるまいを正すことで運を呼び込めると言っている人がいます。

プロ野球選手の大谷翔平を育てた花巻東高校の佐々木監督です。

大谷選手は、そのプレーだけでなく謙虚な人間性でも知られていますが、彼の出身校では人間教育が非常に重視されていました。

その事実が佐々木監督のインタビューからもわかります。

「最近、運というのは、運をつかむために自らをコントロールしている人のもとにしか来ないんだなと分かって、素直に喜べるようになりました。

では自分の何をコントロールしているかというと、1つは（略）言葉です。2つ目は一緒にいる人。（略）3つ目が表情、態度、姿勢、身だしなみ。

（略）とくに監督が不安になったりすると一瞬でチーム全体に伝染しますから、表情、態度のコントロールは常に心掛けています。そして最後はやっぱり感謝と謙虚さですね。とにかく敵をつくらず、味方をつくることが運を呼び込んでくると思います」

「致知」(2010年3月号)

佐々木監督の言う通りに実践して、実際に運気を呼び込めるかどうかはわかりません。しかし、ふるまいを正すことで精神状態が安定し、また周囲から信頼されるという効果はあるでしょう。その効果が安定的なプレーを可能にするというのは、大谷選手の様子から感じ取ることができます。

彼は納得がいかない判定にも文句を言いません。また、対戦相手に笑顔を見せたり、グラウンドのゴミを拾ったり、一つひとつのふるまいに気を付けているように見えます。日々のふるまいを正しく保っていれば、気持ちを乱したりコンディションを崩したりする事態は防げるでしょう。それがやがて結果につながっていくのです。

「運を呼び込む」と言うと非科学的に聞こえますが、少なくともふるまいを正すことは、**結果を出す確率を高める合理的な行為**なのです。

今は苦境の中にある人も、そうした積み重ねを続けることで、やがて厳しい環境から抜け出せる日が来るのではないでしょうか。

エピローグ

異動から2年が経ち、伊藤は新しい仕事を前向きに楽しんでいた。

名古屋での仕事には、東京で忘れかけていた商売の原点があった。

顧客に寄り添い、丁寧に課題を解決する――。

伊藤の得意とする営業スタイルは、この名古屋で築き上げられたのだった。

(オレはこれでいいんだ)

自分らしい仕事ができることに喜びを感じ、伊藤は再び自信を取り戻していた。

そして、そんな彼と部下たちの活躍で、名古屋支店の業績は着実に上向いていった。


そんなある日、社内で社長交代の発表があった。

新たに就任した社長は50歳。大きく若返りを図ったサプライズ人事だった。

新社長は、早速、新たなビジョンを発表した。それは「ものからことへ事業の構造転換を図る」というものだった。変化の風を吹かせてくれそうな経営陣の交代に、伊藤は大いに期待を寄せた。

その日の夜、突然、伊藤の携帯が鳴った。

電話の相手は就任したばかりの新社長だった。

「突然申し訳ない。伊藤くんだよね。名古屋の生活はどう？」

「ハイッ、何とかやらせていただいています」

伊藤は恐縮しながら答えた。

「単刀直入に言うが……東京に戻ってきてくれないか。まだ内密な話なんだが、今度ある会社を買収することになったんだ。無名だが優れたＩＴプラットフォームを持っている会社でね。そこにうちの技術を組み合わせて新サービスを展開する。君は３年くらい前に新規プロジェクトをやっていたよね？　その経験を新会社で生かしてくれないかな」

伊藤は頭が混乱して、訳がわからなくなった。

「どうしてそんな話が、いきなり私にくるんですか？」

社長はその疑問はもっともだというように、短く笑った。

「そりゃ驚くよね。今回の買収はうちの会社にとっては初めての取り組みだ。正直ＩＴに明るい人物は社内に多くないし、買収先の経営を担えそうな人材も見当たらない。でも、君は３年前に一通り自分で事業プランを描いて、不慣れながらも経営全体を見ていただろう。その経験値は非常に貴重なものだよ。君なら大丈夫だろう。また環境が変わることになるけれど、力を貸してくれないか」

思わず電話を持つ伊藤の手が震える。

「ありがたいお話ですが、役員の方々のご意見もあるのではないですか。東京から離れた私がいきなりそんなポジションにつけるんでしょうか……」

「社内の同意は取りつけたよ。実は3年前の君のプレゼン、私も経営会議で見ていたんだ。ビジョンを感じるプランだと思ったし、何より素晴らしい情熱だった。東京支店の営業課の連中にもこっそり話を聞いたが、君のリーダーシップなら間違いないとみんな推していたよ。名古屋でも腐らずしっかり業績を上げてくれた。新会社の執行責任者的な立場でその会社を見てくれないか。反対する人間がいたら、『じゃあ、あなたにこの事業をやれるんですか？』と言ってやればいいよ。アハハハ」

電話を切ってからも胸の高鳴りが抑えられず、伊藤は呆然と立ち尽くしていた。

そして、急いで我に返ると妻に電話をかけた。

「今から帰るから！　あとな、今日は大事な話がある。東京に引っ越すことになるからって子どもたちにも言っておいてくれ」

電話を切った伊藤は、街の喧騒に包まれながら、思わず夜空を見上げていた。

終章

悩むからこそリーダーである

自己をならふといふは、
自己をわするゝなり。
（道元）

自分を学ぶということは、
自分を忘れるということだ。

悟りのプロセスを表した「十牛図」

最後に、本書の締めくくりとして、禅の「十牛図」というものを紹介します。

「十牛図」とは、禅僧が修行を始めるにあたって最初に読むべき書物とされる『禅宗四部録』で紹介されている絵画のこと。「悟り」のプロセスを示しており、禅の修行を始める人の〝道しるべ〟となるものです。インターネットでも公開されているので、興味がある方は検索してみてください。

この絵は、私たちビジネスパーソンの成長にあてはめても、非常に示唆深いものになっています。

「十牛図」は、人間が牛を捕まえる過程を描いています。

牛は「真の自己」を表していて、人が本当の自分を探し求める旅を「牛探しの旅」になぞらえて描いたものです。

10のプロセスをいくつかのステップに分けてご紹介しましょう。

①尋牛《じんぎゅう》………牛を探して旅に出る

②見跡《けんぜき》……牛の足跡を見つける

あなたは「牛（＝本当の自分）」を求めて旅に出ます。しかし、最初のうちは見聞きするさまざまなものに振り回されて、なかなか見つかりません。**実は探している「牛」はあなた自身の中にある**のですが、最初はその事実にも気づきません。

ところが、しばらくすると少しずつ手掛かりが見えてきます。

良い師匠や素晴らしい書物に出会い、進むべき道のヒントが見え始めるのです。

ただし、そのヒントは信頼できるものばかりではありません。正しいものも怪しいものもあります。そのため、手がかりの真偽を冷静に見極めながら試行錯誤しますが、「牛」にたどりつく気配はまだありません。

③見牛《けんぎゅう》……ようやく牛を見つける

④得牛《とくぎゅう》……手に入れた牛が暴れ出す

⑤牧牛《ぼくぎゅう》……暴れる牛を飼いならす

しばらくして、あなたはようやく探し求めていた「牛」に出合います。

苦労して探したのに、それは意外と身近な場所で見つかりました。

ところが、手に入れた「牛」はなかなか言うことを聞いてくれません。

これは自分の心のコントロールが難しいことを表しています。

人は気を許すと困難や誘惑に負けて、簡単に心が揺らいでしまうものです。

自分を変えようと努力しても、すぐに元の自分に戻ってしまう。「牛」を通じて自分の〝見たくない姿〟を何度も見せられると、自己嫌悪に陥るものです。


しかし、反省と努力を繰り返していくと、少しずつ「牛」とのつきあい方がわかってきます。暴れる「牛」を見ながら、**「これが自分なんだな」と開き直れる**ようになると、自己嫌悪はいつの間にか消えてしまうでしょう。

⑥騎牛帰家《きぎゅうきか》……牛に乗って故郷に帰る
⑦忘牛存人《ぼうぎゅうぞんじん》……牛のことを忘れてしまう

苦労の末に「牛」を飼いならせるようになり、あなたは気持ちが楽になってきます。

終　章

悩むからこそリーダーである

飼いならせる——つまり、心が安定している状態です。この状態になれば、優しい気持ちが生まれ、自分にも他人にも温かい気持ちで向き合えるようになるでしょう。

「本当の自分を見つけたい」

「自分らしくありたい」

最初はこうした願望を持って「牛」を探し始めましたが、それもやがてどうでもよくなります。本当の自分を知れば、もう「牛」を飼いならす必要はありません。

自分自身を受け入れられれば、穏やかな生活が訪れるのです。

⑧人牛倶忘《じんぎゅうぐぼう》……牛も人もいなくなり、何もない世界が訪れる

⑨返本還源《へんぽんかんげん》……美しい世界が現れる

次のステージでは、不思議なことに世界からあなたも牛も消えてしまいます。

そこは何もない世界、つまり「無」です。「無」の世界では、もはや自分も他人も関係ありません。一切をあるがままに受け入れる境地があるだけです。

そして、無の境地からもう一度現実を見ると、そこにとても美しい世界が広がっていることに気づきます。水は澄み、緑が青々と生い茂っている。

（自分はなんて素晴らしい世界に生きていたのだろう）

あなたはきっと、深い感謝と喜びを覚えるでしょう。

自分の心が変わったことによって、世界が変わって見えることに気づくのです。

⑩入鄽垂手《にってんすいしゅ》……………街に出て手を差し伸べる

あなたは再び現実の世界に帰ってきます。穏やかで楽しい生き方を身につけたあなたは、もう自分自身のことについて悩むことはありません。笑顔をたたえながら、人を助けるようになるでしょう。

あなたの生き方に影響されて、周囲の人たちの心も温かくなっていきます。あなたにとって、自分の幸福とまわりの人たちの幸福は完全に同じものになっていくのです。

これが「十牛図」で描かれた悟りに至るプロセスです。悟りとは、決して簡単に手に入るものではなく、また「手に入れる」ことに意味があるわけではないことがわかります。むしろ**「何も手に入れないこと」「手放すこと」が悟りなのだ**ということが、「牛（＝自分自身）」を捕まえようとするストーリーから伝わってきます。

自分が「無」になるだけではいけない

実は十牛図は、元々8番目の絵までしか存在しなかったそうです。

8番目は悟りを開いて「無」になった姿。これがそもそものゴールでした。

「無」とは、インド仏教における「無我の境地」、あるいは老荘思想における「道」の姿と言ってもいいでしょう。

あるがままの自然に身を任せた、迷いや執着のない世界です。

しかし、あとになって廓庵《かくあん》という禅僧が、9番目「返本還源」と10番目「入鄽垂手」を付け加えたと言われています。

「無」に至るだけではいけない。そこからもう一度現実の世界に帰ってきて、人に手を差し伸べるまでが私たちがするべきことだと説いたのです（このあたりが一見似ている仏教、老荘思想と禅宗の違いであると言われています）。

私はここに「リーダーシップ」を感じます。

人間は一定の迷いの期間を経て、迷いのない世界にたどりつきます。

その到達点は自分にとっては幸せな境地でしょう。

しかし、その境地にたどりついたら、満足することなく現実に挑み、次世代のために汗を流さなくてはいけない。**自分の迷いを晴らしたら、今度は誰かの迷いを晴らすようなリーダーにならなければいけない**。そんなメッセージを、私はこの「十牛図」から感じるのです。

リーダーが成長するための5つのステージ

このストーリーを、私なりにリーダーの成長プロセスに転換してみます。

なお、ここでいう「リーダー」は、人をリードする立場の人であるとは限りません。目的に向かって進む人は、すべて該当すると考えてください。

247ページの図をご覧ください。

まず、すべてのリーダーは**「自分を探す」**ところからスタートします。

もちろん、最初は探し方などわかりません。「上司や先輩のスタイルを真似る」「本を読んで勉強する」といった方法を試しますが、最初のうちは失敗ばかりです。

しかし、内省して失敗から学びを得ると、ステージ2に進んでいきます。

反対に、行動するばかりで失敗から学ぶ姿勢がないと、理想の自分を追い求めるステージ1から抜け出すことができません。

ステージ2の**「自分を見つける」**は、少しずつ成長するリーダーの姿です。失敗を繰り返すたびに、リーダーは徐々に自分の癖や失敗パターンがわかってきます。

だからといって、すぐにうまくはいきません。

わかっていても、人は同じ失敗を繰り返すものです。人と自分を比較して落ち込んだり、相手に苛立って無理やり動かそうとしたりするかもしれません。

対人関係の問題を解決できなくて、自己嫌悪に陥ることもあるでしょう。

しかし、やがて自分自身の取り扱いにも慣れ、心の乱れが減っていきます。

ステージ3**「自分を手放す」**では、落ち着きのあるリーダーの姿になっています。

ここに至るには一定の経験値と時間が必要でしょう。

このステージでは「理想の自分」に執着することもなくなり、誰かと自分を比較することが減っていきます。また、負の感情に惑わされずに穏やかに人と接することができるようになります。

関心の対象も、組織全体の成長など、自分の〝外側〟に向くようになります。自分の

リーダーはどのように成長するか

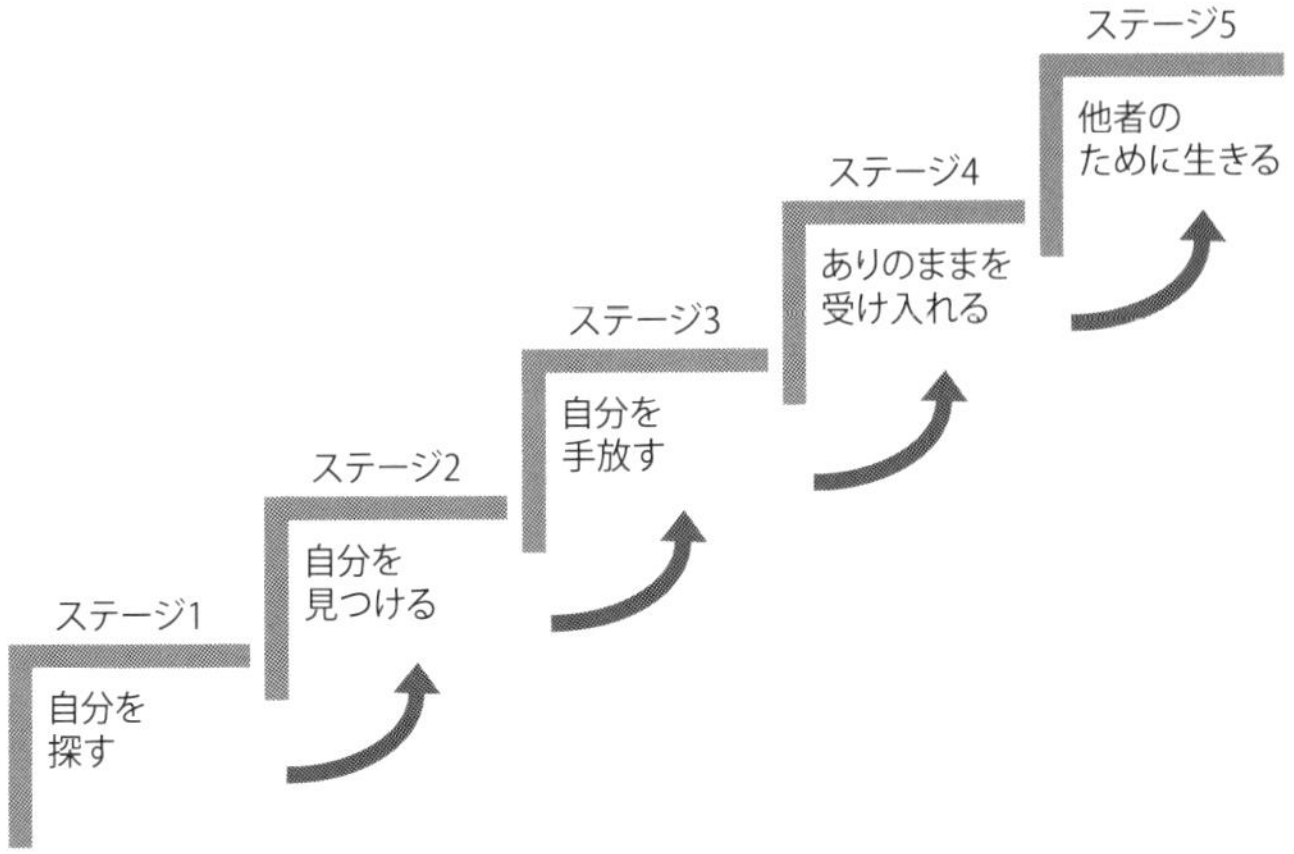

中に自信が生まれ、自分流のスタイルを崩さずに仕事をすることで、継続的に成果が生まれるようになります。

ただし、油断はできません。

ひとたび大きな困難に直面すると、再びステージ2に戻ってしまうこともあります。ステージ2とステージ3を行ったり来たりしながら、リーダーは少しずつ成長します。

ステージ4**「ありのままを受け入れる」**では〝感謝〟を備えたリーダーの姿があります。

上司と部下といった「関係性」にとらわれず、ひとりの人間として相手と接します。〝一期一会〟の姿勢を持ち、人との出会いに感謝するようになるでしょう。

その結果、利害や損得を超えて関係性を築くようになります。また、相手の話をよく聞き、理解しようとすることで、相手の能力を引き出していきます。

また、このステージでは、心身の健康や家族との時間の大切さに気づき、バランスのとれた生活を送ろうとするでしょう。

ステージ5では、リーダーとして**「他者のために生きる」**段階にたどりつきます。

この段階のリーダーは「人は誰しもイライラしたり悩んだりする」という事実をよく心得ているので、相手の反応に一喜一憂することはありません。

代わりに、自分をもてあましている次世代にそっと寄り添います。

決して、何かを教えようと自分からアプローチするようなことはしません。

一見すると、のらりくらりと人生を楽しんでいるだけのように見えますが、いつも笑顔で他者を楽しませる姿勢に周囲は好感を抱くでしょう。

また、そうした自由な姿を見て、まわりは人生において何が大切かを感じ取ります。

他者の幸福と自分の幸福を重ねているリーダーは、次世代の成長を心からうれしく思うのです。

さて、みなさんは今、どのステージにいるでしょうか。

ぜひ、ご自身を振り返ってみてください。

「自分はまだこのステージにいるから、全然ダメだ」などと思う必要はありません。

私も含め、すべてのリーダーは成長の過程にあります。

ステージが上がったと思っても、油断すると前のステージに戻ってしまうことはよくあります。たとえあと戻りしても、そこで悩み、自分と向き合って再び前に進んでいけばいいのです。人生はその繰り返しだといってもいいでしょう。


「○○さんは□□のステージにいるから優秀だ」

「いつまでも△△のステージにいる××さんはダメだ」

こんなふうに他者を評価する議論も意味がありません。

それぞれの人が、それぞれの人生を懸命に生きています。

たとえ成長がわずかであっても、その成長をお互いに祝福できるような関係を築きながら、前に進んでいきましょう。

悩むからこそリーダーである

本書は「悩み」を題材として取り上げてきました。

読者のみなさんは「どうすればリーダーとしての悩みがなくなるのか？」という答えを期待して、読み進めてきたかもしれません。

ですが、あえてお伝えしたいのは**悩みがなくなることは決してない**ということです。

新たなチャンスを手にした伊藤さんも、これから先、次の悩みにぶつかるでしょう。

リーダーとして成長しようとすればするほど、「悩み」は絶え間なく訪れるのです。

第6章で取り上げた道元は、「迷いと悟りは同一である」と言いました。

多くの人は「迷いをなくすことが悟りの境地だ」と考えて修行の道に入ります。

しかし、道元によれば、その考えこそが間違いなのです。

自分自身を「無」にすれば、「迷う」という行為は存在しません。存在しないものをなくすこともできないので、「悟る」という行為も実は存在しないのだと言うのです。

迷っていること自体がすでに悟りの境地に至っているのだ。

道元は、そう言いました。

これを私なりに解釈すると、次のようになります。

一所懸命に仕事をしていれば、悩みは必ず訪れる。ならば、悩むことを遠ざけるのではなく、悩んでいること自体を「受け入れてしまう」方がいい。

言い換えれば、**悩むからこそリーダーである**と言えるのではないでしょうか。

理想のリーダーになるための道のりは、決して平坦ではありません。曲がりくねっていますし、「進んだと思ったら元に戻る」の繰り返しです。

それでも決して1カ所に留まっているわけではありません。

何度も悩むことによって、また同じ場所に戻ってきたと感じても、あなたの心は一回り大きく成長しています。そして、その心は螺旋階段を上るように、少しずつ磨かれていくのです。

だから、どうか「悩み」を正面から受け止めてください。

悩むからこそリーダーである。

悩み続けるからこそ幸せになれる。

この言葉を、リーダーとして懸命に生きるすべての人に贈りたいと思います。

おわりに

私が東洋思想に興味を持つきっかけとなったのは、本書の中にも何度か登場した明治時代の思想家・岡倉天心です。

「東西両半球が互いに相手の良き所を汲み取るようにしようではないか」

彼は著書である『茶の本』の中でそう述べ、東洋思想の精神を通じて世界に調和をもたらそうとしました。

本書で紹介したのは、そうした調和を尊重するリーダーの「あり方」です。それは、愛や優しさ、信頼を大切にした姿勢なのではないかと私は考えています。

もちろん、東洋思想のすべてが優しい考え方だというわけではありません。『論語』『老子』などと共に中国思想の古典となっている『韓非子』は、リーダーが身につけるべき冷酷な権謀術策を説いています。人は裏切るものであり、道徳や愛情に頼るのはナンセンスだというリアリズムに立った人間観です。

そうした東洋思想の冷徹な一面を、本書ではあえて取りあげませんでした。なぜなら、国家であれ企業であれ、人を信頼しないリーダーが率いる集団がうまくいっている例を私は見たことがないからです。

世界に争いや対立が増えつつある今こそ、愛と性善説にもとづいたリーダーシップが必要なのではないか。そして、私たち日本人こそが、それを世界に示していけるのではないか。そんな思いを込めて本書を書きました。

この本を読まれたみなさんが、自信を持ってリーダーシップを発揮され、ひとりでも多くの方が幸せな人生を送られることを心から願っています。

最後に、お礼を述べさせてください。

多くの方々のおかげでこの本を書くことができました。

まずは私のチームメンバー。

過去に在籍したメンバーも含めて、多くの人たちと取り組んだ仕事の経験が私の糧《かて》となっています。まだまだ未熟なリーダーですが、受け入れていただいて感謝しています。

また、私の過去の上司や同僚、クライアント、タイ・バンコクの経営者仲間のみなさん、私のリーダーシップ研修に参加された方々。

みなさんとの語り合いが、すべて私にとっての学びとなり、結晶化されて本書がつくられています。

そして、私がタイで起業するきっかけをつくってくれた恩人・ガンタトーンさん、YouTubeチャンネルのパートナーの松田さん、人生の師匠である鶴田先生。

みなさんから得たものすべてが、私の人生の財産です。


そして、ＷＡＶＥ出版の木田さん。木田さんと一緒に、試行錯誤しながらも本書を世に送り出すことができたことを本当に感慨深く思っています。

最後に、いつも私を無条件で受け入れてくれる最愛の妻と息子たちに感謝をし、筆をおきたいと思います。

著者

参考文献

◉『東方の言葉』
中村元（著）　角川ソフィア文庫

◉『茶の本』
岡倉覚三（著）　村岡博（訳）　岩波文庫

◉『新訳 茶の本 ビギナーズ 日本の思想』
岡倉天心（著）　大久保喬樹（訳）　角川ソフィア文庫

◉『新しい仏教のこころ わたしの仏教概論』
増谷文雄（著）　講談社現代新書

◉『構築された仏教思想 龍樹
あるように見えても「空」という』
石飛道子（著）　佼成出版社

◉『史上最強の哲学入門 東洋の哲人たち』
飲茶（著）　河出文庫

◉『中庸 現代語訳』
平田圭吾（著）　Kindle版

◉『論語と算盤』
渋沢栄一（著）　角川ソフィア文庫

◉『こころの処方箋』
河合隼雄（著）　新潮文庫

◉『南洲翁遺訓』
西郷隆盛（著）　ゴマブックス

◉『豊田章男の覚悟
自動車産業のグレート・リセットの先に』
片山修（著）　朝日新聞出版

profile

中村勝裕　なかむら かつひろ

株式会社アジアン・アイデンティティー 代表取締役
Asian Identity CEO & Founder
愛知県常滑市生まれ。上智大学外国語学部ドイツ語学科卒業後、ネスレ日本株式会社、株式会社リンクアンドモチベーション、株式会社グロービス、GLOBIS ASIA PACIFICを経て、タイでAsian Identity Co., Ltd.を設立。現在は「アジア専門の人事コンサルティングファーム」としてタイ人メンバーと共に人材開発・組織開発プロジェクトに従事している。
また、タイにおいてビジネス教材『スースー！ピム！ ～マンガで学ぶビジネスの6つの基本』を出版。YouTubeでは「名言ゆるラジオ」を運営している。2人の子の父であり、愛称はJack。
Twitterアカウント: @katsuwon

ブックデザイン　西垂水敦・松山千尋（krran）
本文図版・イラスト　鈴木みのる
帯写真撮影　小林智之
本文DTP　讃岐美重

リーダーの悩みはすべて東洋思想で解決できる

2023年2月28日　第1版　第1刷発行

著者　中村勝裕

発行所　WAVE出版
〒102-0074　東京都千代田区九段南3-9-12　九段ニッカナビル2階
TEL 03-3261-3713　FAX 03-3261-3823
振替　00100-7-366376
E-mail:info@wave-publishers.co.jp
http://www.wave-publishers.co.jp

印刷・製本　中央精版印刷株式会社

NDC336　255p　19cm　ISBN978-4-86621-449-8